かしこい
相続・贈与の
節税常識
＜増補改訂版＞

生前贈与から納税対策まで

辻・本郷 税理士法人　徳田 孝司／監修
辻・本郷 税理士法人／編著

TOHOSHOBO

プロローグ

［マイナス金利時代の相続税を考える］

▶相続税の基礎控除が下がって全員が申告対象？

　相続税の基礎控除が平成27年1月から定額3,000万円＋法定相続人1人600万円とかなり下がりました。

　たとえば相続人が配偶者と子ども2人、合計3人のケースでは、平成26年12月までの相続税の基礎控除は、5,000万円＋法定相続人1人1,000万円×3人＝8,000万円でした。

　それが、6掛けになりましたので、3,000万円＋法定相続人1人600万円×3人＝4,800万円になったわけです。その結果、相続税の申告が日本全国で5割増しになったと言われています。

　しかし我々の実務感覚から言いますと、主要都市部に自宅がある人は殆ど全員が相続税の申告の必要があるのではないかと思われます。その理由は、自宅の土地建物で大体3,000万円、有価証券を合わせた老後の生活資金2,000万円、その合計は5,000万円ということで先ほどの基礎控除4,800万円を超えてしまうからです。

　ただし、納税があるかどうかは別問題です。なぜなら、一次相続の場合には配偶者の税額軽減という特例があるからです。

　この様な観点から言いますと、何となく相続税が庶民の税金となったような気がいたします。

▶マイナス金利時代でも利子税はかかる

　相続税の申告で一番大事な事は、相続税の納税です。我々税理士は相続税の申告と同時に納税が完了して初めて肩の荷がおります。

　その中で、現金納付ができなくて、また物納も難しくて延納をする場合があります。そのときに納税者の方に延納した場合に利子税がおおむね0.8％から1％（不動産が全財産の4分の3以上の場合）かかりますよと言いますと、ほとんどの人が「え！　う

そでしょう？ だってマイナス金利の時代ですよ！」と反応されます。

そうです、マイナス金利でも利子税はかかるのです。金融機関が貸してくれるのであればその金融機関から借りるのも一つの方法だと思います。

▶現金は最高の節税商品か

相続税は強化されましたが、実は贈与税は緩和されています。特に暦年贈与制度における特例制度は、ここでは細かい条件等の説明はしませんが、かなり優遇されています。

その趣旨はお金を持っているお祖父さん・お祖母さんから若い世代にお金を渡して、若い世代に使ってもらう税制になって来ました。

その延長線上で考えますと、平成25年に教育資金1,500万円の非課税制度ができて、平成27年に結婚・子育て資金の1,000万円の非課税制度ができました。さらに住宅取得資金の1,200万円（良質な住宅）の非課税制度などがあります。これらをすべて合わせますと何と3,700万円で、さらに暦年の110万円以下の現金贈与も合わせますと、子ども・孫1人大体4,000万円くらい非課税で渡すことができます。その数が3人いれば1億2,000万円が非課税ということになります。

現金ですと、当然自分でも使えます。また現金は「分け易い」、さらに「納税し易い」という側面もあります。

このような観点から考えますと現金は、しなやかな最高の節税商品といえるかも知れません。

▶自宅の相続は押し付け合い

最近の遺産分割の状況を見ていますと、誰も自宅を欲しがらない傾向にあります。極論しますと、自宅の3,000万円より現金500万円の方が良いという人が圧倒的に増えています。

なぜか…。そうです、自宅を相続してもまずやることは親の遺品整理から始まります。その整理に最短で半年、普通で約1年くらいかかります。その作業を自分ででき

なければ専門業者に依頼するのでお金がかかります。

その遺品の整理が終わったら自宅を売却するのですが、その自宅が古ければ、リフォームするか取り壊すかで、またお金がかかります。さらにお金をかけて売れるかどうかも分かりません。

このような状況ですから自宅よりも現金500万円ということになり、日本全国どこでも空き家が増えているのです。

▶財産管理は家族信託から

高齢化社会の時代ですが、いま困ったことが起きつつあります。日本の男性の平均寿命は80歳、女性は86歳でかなり上がっています。この平均寿命までお元気で何でも一人でできればいいのですが、やはり年齢とともに体が弱り認知症等になります。そうなったときの財産管理の問題があるのです。

財産管理といいますと、まず成年後見制度が頭に浮かんできます。この制度は本人の財産を守ることが目的ですから管理はできますが処分が原則できません。良い制度だとは思いますが、何となく窮屈だと感じる人が結構いるのではないかと思います。

この成年後見制度に対して、家族信託はかなり柔軟な制度といえます。なぜならば、家族信託は本人の意に沿った財産の管理処分を家族に任せることができるからです。この信託契約を交わしておけば、管理だけでなく処分も簡単にすることができます。

たとえば、役者は3人必要で、委託者：父親、受託者：子ども、受益者：父親という形で契約をするのです。こうすれば父親の財産管理を子どもができるのです。

しかし家族といえども…とお考えの人は「信託監督人」をつけてその信託内容のチェックをすることもできます。今後、益々その活用の幅が広がるものと思われます。

▶高齢化社会には一次相続のときに
　二次相続を見据えた遺産分割を！

高齢化社会のお話をもう一つ致します。最初に一次相続のときには配偶者の税額軽減という制度がありますという話をしました。しかし、高齢者の一次相続のときには

要注意です。

　たとえば、次のような夫婦がいたとします。ご主人の財産が4億円、奥様の財産が1億円とします。このケースでご主人が亡くなり、一次相続を安くするために配偶者の税額軽減をフルに活用して2億円を配偶者が取得したとします。その数年後に奥様が亡くなった場合の奥様の財産は3億円となり、この二次相続の相続税がかなり高くなってしまうのです。

　本書の中にこのシミュレーションが入っていますが、一次相続と二次相続の間が近い場合には、一次相続の相続税＋二次相続の相続税の合計額で比較しますと、結果として一次相続で配偶者が財産を1円も相続しないほうが相続税が安くなることが多々あります。

　このような話を一般論で相続人のお子様に説明したら「母がすぐ亡くなるというのか！」と御叱りを受けたこともありました。でもこれは厳然たる事実であります。

　ですから何が大事かと言いますと、一次相続のときに二次相続も加味したシミュレーションを作成してその事実を説明することです。その上で配偶者が元気で「まだ後10年元気でお金を使いたい！」という意向であればその意向に従えばいいのです。

　専門家として二次相続を見据えた遺産分割を検討することができるかどうかがとても大切なことだと思います。

　年間約1,000件の相続税申告の観点から本書を書きました。読者の皆様の参考になれば幸いです。

平成28年10月吉日

監修者
辻・本郷 税理士法人
理事長　徳田孝司

かしこい相続・贈与の節税常識〈増補改訂版〉 目次

〈プロローグ〉マイナス金利時代の相続税を考える ……… 2
Part 1 相続が発生！こんなときでもあわてない ……… 11

01 **事務手続き**
　まず何をすればいいのか？ ……… 12

02 **相続の限定承認・放棄**
　遺産を引き継ぐ権利 ……… 16

03 **所得税の準確定申告**
　青色承認申請と準確定申告書 ……… 20

04 **相続税の非課税財産**
　大きな特典「非課税枠」の利用 ……… 24

05 **財産評価① 不動産**
　土地と家屋の評価方法 ……… 28

06 **財産評価② 小規模宅地等の減額**
　小規模宅地等を評価減する！ ……… 32

07 **財産評価③ 株式等**
　有利な株式の評価額とは？ ……… 36

08 **財産評価④ そのほかの財産**
　金融資産・ゴルフ会員権等 ……… 42

09 **財産評価⑤ 債務・葬式費用**
　債務は財産から引ける ……… 46

10 **相続税の計算**
　基礎控除を引き法定相続分で計算 ……… 51

11 **遺産分割**
　10カ月以内に分割する ……… 55

12 **名義変更**
　名義変更の手続きをするには？ ……… 59

13 **申告・納税**
　物納したり、分割払いもOK ……… 63

14 **遺産未分割の場合**
　相続人は確定申告する ……… 67

15 **相続人が海外にいる場合の準確定申告**
　出国税に要注意 ……… 71

Part 2 親子で喜ぶ! 生前贈与 ……… 75

16 贈与税の仕組み
２通りの課税方法がある……………………………………… 76

17 贈与税の非課税財産
贈与税の非課税財産は贈与税の特例②を除き主に８つある……… 81

18 生前贈与
かしこい生前贈与の方法 …………………………………… 86

19 贈与税の特例①
妻には住宅、子には住宅取得資金! …………………………… 90

20 贈与税の特例②
使途を限定してかしこく贈与 ………………………………… 94

21 暦年課税制度
効果的な生前贈与のために ………………………………… 100

22 相続時精算課税制度
原則2,500万円まで非課税 ………………………………… 104

23 贈与税の時効
贈与税の時効は最長７年 …………………………………… 108

24 みなし贈与① 生命保険料の肩代わり
生命保険契約にかかる税金 ………………………………… 112

25 みなし贈与② 低額取引
親族間での低額譲り受け …………………………………… 116

26 みなし贈与③ 債務免除と金銭貸借
名義人に注意! ……………………………………………… 120

Part 3 あなたにも簡単にできる! 生前対策 ……… 125

27 遺言の効力
どれも法的効果は同じ……………………………………… 126

28 遺留分と寄与分
遺留分を侵害したら… ……………………………………… 130

29 生命保険を活用するアイデア
サヨナラ! 争族 …………………………………………… 134

30	小規模対策	
	最大限活用したい減額の特例	138

31	養子縁組をする	
	養子の節税効果は絶大!	144

32	不動産管理会社の活用	
	建物を売却するのが得!	148

33	納税資金対策	
	相続費用の前払い	152

Part 4 まだまだあきらめないで! 相続発生後対策 …… 157

34	配偶者の税額軽減	
	配偶者が相続すれば大幅に軽減	158

35	小規模宅地等の特例	
	二世帯住宅は優しく改正されたのでしょうか!	162

36	第二次相続対策	
	二次相続税は高い	166

37	相続税の取得費加算	
	相続財産の売却は3年以内が有利	170

38	土地の分割	
	土地評価は分割の仕方次第	174

39	売却予定の居住用不動産	
	遺産分けは慎重の上にも慎重に!	178

40	未分割申告	
	遺産分けのもめごと	182

41	相続財産の把握法	
	財産はどれだけあるか?	186

42	土地評価の工夫	
	土地評価を工夫して上手に節税	191

Part 5 ここが肝心! 納税対策 …… 197

43	物納・延納	
	相続税の納付方法	198

44	物納申請	
	金銭納付困難事由とは？	203
45	生命保険の活用	
	預金より保険が得	207
46	売却・物納の有利選択	
	物納か土地売却か？	211
47	物納財産の選定	
	貸宅地の物納	215
48	固定資産の交換と物納	
	交換を活用した物納を！	219

Part 6 これで安心！ 税務調査 ……………………… 223

49	税務調査	
	税務調査はどう行われるか？	224
50	調査のツボ	
	預貯金と割引債の漏れが多い	228
51	名義資産	
	名義預金の申告漏れ	232
52	遠隔地預金・海外資産	
	税務署の調査能力は高い！	236
53	仮装または隠蔽	
	重加算税というペナルティ	241

巻末資料 …………………………………………… 245

1 贈与税の速算表 …………………………… 246
2 贈与税の早見表 …………………………… 247
3 相続税の速算表 …………………………… 248
4 相続税の早見表①（配偶者あり）………… 249
5 相続税の早見表②（配偶者なし）………… 250
6 延納期間と利子税の割合 ………………… 251

参考文献 …………………………………………… 252
著者紹介 …………………………………………… 253

本書は、2004年8月に実業之日本社から刊行された書籍の増補改訂版です。

[Part 1]

相続が発生!

こんなときでもあわてない

01 事務手続き
まず何をすればいいのか？

葬式、死亡届、預金、遺言の検認、健康保険、年金など

チェックポイント

① 役所に対する事務手続きとは？
② 遺言はあるかどうか？
③ 相続財産の調べ方はどうやるか？

▶相続開始後にすること

　一生に何度も経験しないこと、それが相続です。知らなかった、ではすまされないことが多々あります。

　相続の手続きは、役所に死亡届の提出をすることから始まります。

　医師の書いた死亡診断書を添付して、住所地・本籍地・死亡地のいずれかの市区町村役場に届けます。これにより戸籍から除籍となり、相続の事実と相続人の確定ができ、いろいろな手続きができるようになります。

　それから葬儀社などと連絡をとって、葬儀日程を決め、お寺などの日程を確保します。

　一般的には、葬式が終了してから、相続のいろいろな手続きをすることになります。なお、相続人が葬儀費用を準備します。

［遺言はあるかどうか？］

▶遺言の種類によっては検認が必要

　遺言があるかどうかによって、以後の手続きが変わってきます。

　遺言がない場合には、相続人の協議によって財産を分割します。

　遺言がある場合には、公正証書遺言かどうかを確認します。公正証書遺言以外の遺

言のときは、家庭裁判所で検認を受ける必要があります。

公正証書遺言があり、遺言に詳細な明細が書いてある場合は別として、相続財産の全容を正確に把握するにはけっこう手間がかかります。

相続財産が不明なときは、15ページのような方法で相続財産を調べます。

▶健康保険の手続き

故人が、国民健康保険や後期高齢者医療保険制度に加入していたときは葬祭費、社会保険に加入していたときは埋葬料が、遺族の申請によって支給されます。

社会保険の扶養家族だった人でも支給されますから、扶養家族でなくなった異動届の手続きと一緒にかならず申請しましょう。

▶年金の手続き

故人が、年金の受給を受けていた場合には、死亡届を提出しなければなりません。提出先は、住所地を管轄する年金事務所となります。この届出をしないと、年金が継続して故人の通帳に払い込まれるので、後で遺族が返金をしなければならなくなります。これには早めの手続きが必要です。

死亡届のときに、併せて未支給分の年金を遺族がもらえる申請も一緒にします。また、条件によって、妻や子どもが、遺族年金を受けることができるケースもあります。年金事務所で、年金手帳や除籍謄本を持参して相談しましょう。

遺族年金がもらえる場合でも、妻が現在すでに、自分の年金の支給を受けているケースでは、年金の選択をする必要があります。

妻本人の老齢年金と遺族年金がほぼ同額のときは、遺族年金を選択するほうが得です。なぜなら、遺族年金は、所得税の対象とならないからです。

［意外と知らない重要ポイント］

▶主な相続財産とは？

相続財産の一番大きな割合を占めるものは不動産です。不動産は、固定資産税納税通知書や権利証つづり、また前回の相続税申告書をもとに調べます。

預貯金、株式などの有価証券も相続税の納税資金として重要なものです。確実な調べ方は、銀行、ゆうちょ銀行、証券会社に、相続日時点の残高証明書を依頼します。

また、金庫内に株券があったり、配当金の計算書から有価証券の存在がわかることがあります。
　生命保険は、手許にある保険証書からわかりますが、ローンの関係で質権の設定がされていて手許に保険証券がない場合もあります。銀行などに確認をとりましょう。
　それ以外の相続財産については、故人とつきあいのあった弁護士や税理士、または親しい知人に相談することでわかることがあります。

▶通帳・書類は捨てない

　葬式が終わり、法要や納骨が済んだら、身の回りの品や解約した通帳・書類を整理します。不要と思って通帳・書類を捨てがちですが、ちょっと待ってください。財産調べや、相続税の調査のときに必要になることがあります。大事にとっておいてください。

▶葬儀費用と領収書

　葬儀費用は、相続税の申告のときにマイナスの財産として控除します。葬儀社やお寺などへの支払い明細をとっておくことが必要です。
　導師料や隣組の方へのお礼などは領収書がないこともありますが、支払いメモなどにより認められます。

▶死亡退職金と生命保険

　故人が勤めていた会社から死亡退職金が支給されます。受取人は会社の規定によります。
　また、会社が団体定期保険などに加入していて、受取人会社の保険金請求のため、死亡診断書や除籍謄本をもとめられることがあります。
　保険金の一部が、退職金の増額分として支給されることがあります。会社に確認をとる必要があります。

家族が亡くなってすぐ調べること

1 遺言はどれか?
（普通方式）

①自筆証書遺言‥‥‥‥‥‥‥家庭裁判所で検認が必要。本人が書いたもの。開封してはいけない。自宅の金庫内や銀行の貸金庫内にある。

②公正証書遺言‥‥‥‥‥‥‥家庭裁判所で検認不要。不動産の相続登記が容易。公証人役場に原本あり。検索システムあり。

③秘密証書遺言‥‥‥‥‥‥‥家庭裁判所で検認が必要。遺言の存在は明確にし(公証人)、内容は秘密。

2 預金通帳からわかる相続財産

（1）入金からわかるもの
　　①配当金の入金‥‥‥‥‥‥上場株式・有価証券の存在
　　②利息の入金‥‥‥‥‥‥‥定期預金・国債・社債の存在
　　③地代家賃の入金‥‥‥‥‥賃貸用不動産の存在
　　④個人からの入金‥‥‥‥‥貸付金の存在

（2）出金からわかるもの
　　①固定資産税の出金‥‥‥‥不動産の存在（市町村別）
　　②事業税の出金‥‥‥‥‥‥賃貸不動産の存在（不動産所得）
　　③生命保険料の出金‥‥‥‥生命保険金・生命保険の権利
　　④自動車税の出金‥‥‥‥‥車両の存在
　　⑤損害保険料の出金‥‥‥‥建物や車両の存在
　　⑥元金・利息の出金‥‥‥‥借入金の存在、担保物件の調査へ
　　⑦貸金庫料の出金‥‥‥‥‥貸金庫の存在、中身の確認
　　⑧共益費・管理費等‥‥‥‥マンション、別荘、ゴルフ会員権の存在

節税のポイント

1. 公正証書遺言は確実で、家庭裁判所での検認の必要がない。
2. いろいろな書類や通帳から財産がどれだけあるかがわかるので、捨てないこと。
3. 領収書が取れない場合は、支払いをメモしておくと葬儀費用として認められる。

02 相続の限定承認・放棄

遺産を引き継ぐ権利

限定承認・放棄は3カ月以内に手続きする

チェック
ポイント

① 相続は自由に選択できるのか?
② 相続人となれる人には優先順位があるのか?
③ 借金が多くても相続しなくてはならないのか?

▶相続の種類

　人が亡くなった場合、誰が相続人となるかは民法で定められています。引き継ぐ遺産についても、借金が多い場合などを考慮して、かならずしもすべての遺産を引き継がなくてもよい方法があります。

　相続人となれる人には優先順位があり、さらに、その相続人となる権利を放棄することもできます。

　また、相続権は放棄しないが、引き継ぐ遺産を限定する「限定承認」という方法もあります。

　相続の限定承認及び放棄は、その相続人が相続の開始があったことを知った日（基本的には亡くなった日）から3カ月以内に、家庭裁判所で所定の手続きをしなければなりません。

［遺産の引き継ぎには優先順位がある］

▶相続人の確認

　被相続人に配偶者がいる場合には、婚姻期間に関係なく、その配偶者は相続人となる権利があります。

　ここで言う配偶者とは、婚姻届を提出している場合で、婚姻届を提出していない（い

わゆる内縁の夫婦）場合には、相続人とはなりません。

故人の子ども・両親・兄弟は、民法に相続人となる順番が次のように規定されています。

① 第一順位　子
② 第二順位　父母
③ 第三順位　兄弟姉妹

第一順位の人がいない場合には第二順位の人が、第二順位の人もいない場合には第三順位の人が相続人となる権利があり、遺産を引き継ぐことができます。

▶続・相続人の確認

相続人になるはずだった子が、被相続人である親よりも先に死んでいるときは、その子（つまり被相続人の孫）が相続人になります。

子や孫、父母や祖父母などの直系尊属が誰もいない場合は、兄弟姉妹に相続権が発生します。その兄弟姉妹が亡くなっていたり、相続の欠格事由（被相続人の遺言を偽造・破棄・隠したりしたために相続権を失うこと）に該当しているときは、その子（つまり被相続人の甥や姪）が相続人になります。

ただし、相続開始後に相続人が相続の放棄をしたときは、その相続人の子どもが相続人に代わって相続をすることはできません。

▶相続人の証明

次に、相続人であることを客観的資料で証明しなければなりません。同時に、本当にほかに相続人がいないのか、調査しなければなりません。

相続手続きは、最終的には名義変更手続きとなります。名義はすべて、現在生きている相続人などに変更しなければなりません。そのときに、相続人全員を示す資料が必要になります。

具体的には、被相続人の本籍地の役所で、「満10歳から死亡までの連続した戸籍謄本」を取得します。

［借金が多いときはどうする？］

▶「限定承認」とは？

　相続とは、被相続人の権利関係を相続人がごっそり引き継ぐことです。もっと詳しく言うと、被相続人の財産上の地位を承継することです。

　通常、相続と言いますと、不動産、預貯金、現金、自動車などを亡くなった方から引き継ぐプラスイメージがあります。

　しかし、被相続人の「財産上の地位」をごっそり引き継ぐわけですから、借金などのマイナスの財産も併せて相続することになります。

　そこで、相続人としては、プラスの財産とマイナスの財産がある場合に、プラス財産の限度内でマイナス財産も相続して、それ以上のマイナス財産は相続しないという方法があります。これを「限定承認」と言います。

　なお、複数の相続人がいる場合には、相続人全員が共同してのみ限定承認することができます。これは、もし一部の相続人の限定承認を認めると、相続財産をめぐる法律関係がきわめて複雑となるためです。

▶「相続の放棄」とは？

　「相続の放棄」とは、被相続人の財産に属した権利義務の承継を拒否する行為です。放棄をすると、その放棄をした相続人は、その相続に関して初めから相続人にならなかったものとみなされます。

　相続の放棄は、借金が多い場合のみならず、相続財産を1人にすべて相続させたい場合や、感情的な面から相続をしたくない場合などにも利用されます。

▶手続きの方法

　限定承認、相続の放棄をしようとする場合は、相続人が相続の開始があったことを知った日から3カ月以内に、その旨を家庭裁判所に申述しなければなりません。

　この期間を過ぎると、原則として、プラス財産もマイナス財産もすべて相続することになります。

　また、相続人が相続財産の全部または一部を処分してしまうと、限定承認することができません。

[Part 1] 相続が発生! こんなときでもあわてない

相続の放棄と限定承認

1 相続の放棄

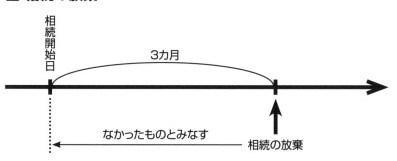

節税のポイント
1. 明らかに借金が多額であるような場合。
2. 相続財産を1人にすべて相続させたい場合。
3. 感情的な面から相続をしたくない場合。

2 限定承認

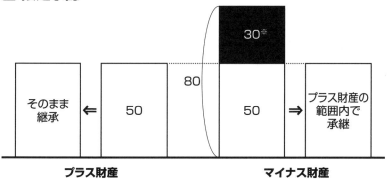

※30については、承継されません。

節税のポイント
1. プラス財産とマイナス財産があり、どちらの財産が多いかわからない場合に有利。
2. 取得した財産の範囲内でマイナスの財産を返済すればよい。
3. どうしても欲しい財産がある場合。

03 所得税の準確定申告
青色承認申請と準確定申告書

準確定申告書の提出は4カ月以内にする

チェック
ポイント

① 確定申告書と準確定申告書の違いとは？
② 準確定申告はいつまでに提出するのか？
③ 事業を引き継ぐ場合はどうするのか？

▶準確定申告とは？

　確定申告書を提出すべき人が、その年の中途において死亡した場合には、相続人は相続の開始があったことを知った日の翌日から4カ月以内に、1月1日から死亡した日までの所得を計算して、「準確定申告書」を税務署に提出し、その死亡した人の所得税を納付する必要があります。
　また還付申告の場合には、4カ月以内の提出が必須ではありません。
　相続人が2人以上いる場合には、各相続人が連署により準確定申告書を提出します。ただし、ほかの相続人の氏名を付記して各人が別々に提出することも可能です。この場合には、ほかの相続人に申告した内容を通知しなければなりません。

［準確定申告書を提出する］

▶どんな場合に提出するのか？

　準確定申告書を提出するケースとして以下のような場合が考えられます。
①生前に個人事業を営んでいた
②生前に不動産を賃貸していた
③生前に不動産の譲渡所得がある
④会社の役員または従業員であったが、会社側が死亡時点での年末調整を行わなかっ

た

会社側が年末調整を行った場合は、準確定申告を要することなく納税手続きが完結することになりますので、準確定申告書の提出は不要です。

この所得税を負担するのは、相続人になりますが、負担額は相続税の計算上、その相続人の相続財産から債務として控除されます。また、還付の場合には相続財産となります。

▶提出の際の注意

準確定申告書の提出期限は、相続の開始があったことを知った日の翌日から4カ月以内です。しかし、確定申告をすべき人が、翌年の1月1日から確定申告期限（原則として翌年3月15日）までの間に確定申告書を提出しないで死亡した場合には、前年分、本年分とも相続の開始があったことを知った日の翌日から4カ月以内となります。

準確定申告は、各相続人の氏名、住所、被相続人との続柄などを記入した準確定申告の付表を添付し、相続人の住所地ではなく、被相続人の住所地の税務署に提出することになります。

▶事業の引き継ぎ（青色承認）

青色申告をしていた被相続人の事業を相続人が承継して青色申告する場合は、次のそれぞれの提出期限までに、青色申告承認申請書を税務署長に提出しなければなりません。

相続開始日（亡くなった日）が、
① 1月1日から8月31日の場合は、相続開始日から4カ月以内
② 9月1日から10月31日の場合は、その年12月31日
③ 11月1日から12月31日までの場合は、翌年2月15日

相続開始日により、準確定申告書よりも提出期限が早い場合がありますので注意してください。

［申告する際の注意点］

▶所得の計算

準確定申告書は、通常の確定申告書と違い暦年ベースではなく、その年1月1日か

ら亡くなる日までとなるため、日割りまたは月割り計算する場合があります。
　さらに、各所得控除についても、亡くなった日現在で計算されますので、注意が必要です。
　医療費控除の対象となるのは、死亡の日までに支払った額です。死亡したときに入院していて、その入院費を死亡後に支払っても含めることはできません。ただし、その金額は、相続税の計算上、債務となります。医療費控除を受けるためには、その領収書等が必要になってきます。
　社会保険料、生命保険料、地震保険料控除の対象となるのは、死亡の日までに支払った額です。年額で支払っている場合には、月割りで求めます。
　配偶者控除や扶養控除に該当するかの判定は、死亡の日の現況により行います。

▶青色申告の特典

　青色申告承認申請書を提出し承認された場合には、主に次のような特典があります。
①青色申告特別控除（65万円、10万円）
②青色事業専従者給与
　青色申告者の経営する事業に専業する配偶者や生計一親族で一定の者に対する給与を経費に算入できます。
③前年以前3年間の純損失を繰越控除することができます。

▶納税地（申告書の提出場所）

　準確定申告書は、その死亡した人の納税地を所轄する税務署に提出します。原則として納税地は、死亡した人の住所地となりますが、事業を営んでいたのであれば、事業所の所在地となっていることもあるため、過去の確定申告書などで確認しましょう。
　青色申告承認申請書は、その提出をする人の住所地を所轄する税務署に提出します。承認申請の結果の通知がその年の年末までない場合には、その承認があったものとみなされます。

所得税の準確定申告

1 青色申告承認申請書の提出期限（被相続人が青色申告者の場合）

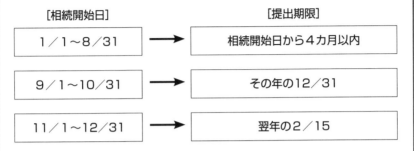

[相続開始日]	[提出期限]
1／1〜8／31	相続開始日から4カ月以内
9／1〜10／31	その年の12／31
11／1〜12／31	翌年の2／15

2 準確定申告書の提出期限（納付の場合）

相続の開始があったことを知った日の翌日から4カ月以内

3 準確定申告書の添付書類

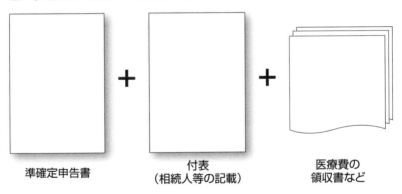

準確定申告書 ＋ 付表（相続人等の記載）＋ 医療費の領収書など

節税のポイント
1. 医療費控除の対象となるのは、死亡の日までに支払った額である。
2. 配偶者控除や扶養控除に該当するかの判定は、死亡の日の現況により行う。
3. 社会保険料、生命保険料、地震保険料控除の対象となるのは、死亡の日までに支払った額である。

04 相続税の非課税財産
大きな特典「非課税枠」の利用

墓地や仏壇、生命保険金、死亡退職金、弔慰金など

① 生前に墓地を購入すると節税になるのか？
② 生命保険金はいくらまで非課税なのか？
③ 弔慰金には限度があるのか？

▶非課税枠とは？

相続税法では、社会通念から判断して非課税となる財産がいくつかあります。

たとえば、墓地や仏壇などは、宗教的祭祀のために必要なものであり、たとえ財産価値があったとしても非課税となります。

また、生命保険金については、もし生存中に満期保険金を受け取ると所得税の対象となりますが、保険料が控除されることや、税率が通常の税率の半分になることなどの特典があります。

これは、死亡保険金の全額を、相続税の対象とすると、バランスを欠くためです。同様に、死亡退職金も、生存時受け取りの特典とのバランスが図られています。

［非課税となるもの］

▶墓地は生前に購入しよう

墓地や仏壇、仏具等は相続税がかからない財産です。ただし純金仏像や骨董品等に該当するものは課税されますので注意が必要です。

生前に墓地を購入すれば、その代金分だけ相続財産である現金・預金が減り、これにかかる相続税も減少します。相続が発生してから墓地を購入しようと考えている方は、その分の現金・預金には相続税がかかります。

なお、相続直前に墓地等を契約して相続時点に代金が未払いの場合、その未払金は債務控除の対象とはなりませんから、必ず現金で支払いをすませておきましょう。

▶生命保険金の非課税

故人が自分に保険をかけていると、遺族が死亡保険金を受け取ります。この保険金には相続税のかからない非課税枠があります。

法定相続人1人あたり500万円です。たとえば法定相続人が、妻、長男、長女の3人のケースでは、500万円×3人＝1,500万円までの死亡保険金には、相続税がかかりません。

この非課税枠は全体で判断します。保険金受取人と指定された妻が2,000万円を受け取った場合、2,000万円－1,500万円の500万円に課税されるというものです。

また、生命保険金を複数の人が受け取ったときの非課税枠の計算は、非課税枠の金額を各人の受取保険金額の割合で按分します。

ただし、この非課税枠は、生命保険金を受け取ったすべての人が対象となるわけではありません。たとえば、相続人でない人や相続を放棄した人が、受取人となっている場合は、この非課税枠の適用はありません。

また、故人が契約をして、自分以外の妻や子どもを被保険者としているものは、「生命保険契約の権利」として相続財産となりますが、非課税枠の対象外です。

非課税枠の活用は、相続対策として非常に有効です。保険料の負担能力を考え、相続人数×500万円の生命保険の加入なども検討してみましょう。

［非課税と認められるもの］

▶死亡退職金の非課税

遺族に、故人の勤務先から、または勤務先が加入していた企業年金などから死亡退職金が支給された場合にも、生命保険金と同じ非課税枠があります。500万円×法定相続人数が非課税です。

この非課税枠は、生命保険金、死亡退職金と、それぞれ別枠があります。たとえば、法定相続人3人のケースで、死亡保険金3,000万円、死亡退職金2,000万円の場合、それぞれの受取人が誰であっても、相続税のかかる財産としては、死亡保険金1,500万円、死亡退職金500万円となります。

死亡退職金の受取人は、支給規定により妻が受け取ることが普通ですが、分割受け取りが可能な場合には、他の財産の分割との兼ね合いで、子どもが支給を受けた方が相続税の計算上、有利になることがあります。
　また、生命保険金や死亡退職金は、厳密な意味で故人が生前より所有していた相続財産ではありません。しかし、相続税法では、相続を原因として遺族が受け取る財産であることから「みなし相続財産」として課税の対象となります。

▶弔慰金、香典の非課税枠

　会社から死亡退職金のほかに、弔慰金の支給を受けることがあります。弔慰金は性質上非課税が原則ですが、その金額によっては退職金の一部として取り扱うことになっています。
①業務上死亡の場合は、月額報酬の３年分は弔慰金として非課税
②業務外死亡の場合は、月額報酬の６カ月分は弔慰金として非課税
　たとえば、月給50万円の人が業務に関係のない病気で死亡して、会社から500万円を遺族が弔慰金として受けた場合には、50万円×6カ月の300万円は非課税となり、超過する200万円は退職金として取り扱われます。ほかにも退職金の支給があれば、この200万円を加算して退職金の非課税枠の計算をすることになります。
　葬式のとき、会葬者より頂く香典も、社会通念からみて課税されません。

生命保険金の非課税計算

1 生命保険金が非課税枠の範囲内のケース

[家族構成]　夫、妻、長男、長女
[夫が死亡]　相続人は妻、長男、長女の3人

[生命保険金の非課税枠]　500万円×3人＝1,500万円

●相続により受け取った死亡保険金　　　　　　　　　　　　　　（単位：万円）

受取人	妻	長男	長女	合計金額
①	1,200			1,200
②	500	500	500	1,500
③	800	400	200	1,400
④		800	700	1,500

2 生命保険金が非課税枠の範囲を超えるケース

[家族構成]　夫、妻、長男、長女
[夫が死亡]　相続人は妻、長男、長女の3人

[生命保険金の非課税枠]　500万円×3人＝1,500万円

●相続により受け取った死亡保険金　　　　　　　　　　　　　　（単位：万円）

受取人	妻	長男	長女	合計金額
保険金	2,800	800	400	4,000
受取割合(%)	(70%)	(20%)	(10%)	(100%)
非課税	1,050	300	150	1,500
課税額	1,750	500	250	2,500

[妻の非課税額の計算]　非課税枠1,500万円×70%＝1,050万円
[妻の課税額の計算]　　保険金2,800万円－1,050万円＝1,750万円
この例からわかるように、長女は400万円のうち250万円が課税対象となる。

節税のポイント
1. 墓地は非課税財産なので、生前に取得したほうがよい。
2. 生命保険金の非課税枠を、積極的に活用する。
3. 死亡退職金にも、非課税枠がある。

05 財産評価① 不動産
土地と家屋の評価方法

土地の評価は路線価、家屋の評価は固定資産税評価額

チェック
ポイント

① 不動産の評価は時価か?
② 貸付用不動産の評価は土地と同様か?
③ 土地の評価単位は、一筆ごとか?

▶所有不動産を把握しよう

まずは、被相続人が所有している不動産（土地や家屋）を把握していなければなりません。その把握にあたっては、固定資産税納税通知書が、重要な資料となります。

市区町村（東京23区の場合は都税事務所）から送られてくる固定資産税納税通知書には、その市区町村ごとの所有不動産が載っています。いろいろな地域に不動産を持っていれば、複数の固定資産税納税通知書が送られてくるはずです。

また、登記済みの不動産であれば、権利証がありますので、自宅または金融機関の貸金庫を探してみてください。

ただし、登記をしていない不動産（自宅家屋に多い）もたまにありますので、注意が必要です。

［土地は路線価で評価する］

▶土地の評価方法は2種類ある

宅地の評価は、利用区分ごとに評価します。したがって、かならずしも1筆（1筆とは、登記をする際の単位です）の宅地からなるとは限らず、複数の筆からなる場合、1筆で2利用区分ある場合などさまざまな形態があります。

まずは、該当する土地の路線価を調べます。路線価図は、税務署で閲覧するか国税

庁のホームページでも見ることができます。

路線価図を入手したら、次にその土地が路線価地域にあるのか倍率地域にあるのかを確認します。

①市街地なら路線価方式

路線価図には、その路線に面する土地1平方メートルあたりの評価額及び借地権割合等が記載されています。評価額は路線価×面積で求められます。

実務的には、さらに画地調整を施すことになりますが、ここでは省略します。ちなみに路線価は公示価格の80％を目安に設定されています。

②市街地以外なら倍率方式

路線価が付されていない地域は、倍率地域と言い固定資産税評価額×倍率で評価額を求めます。倍率は路線価図に別途記載されている倍率表を用います。

▶自用地以外の評価方法

①貸宅地の評価方法

貸宅地は、自己所有の土地であっても他人の家屋が建っているため、借地権部分は借地人の所有ということになります。

したがって、貸宅地の評価では、自用地の評価から借地権相当額を控除し評価することになっています。

借地権相当額＝自用地評価額×借地権割合

②貸家建付地の評価方法

次に貸家建付地とは、マンションや貸家として利用している宅地をいいます。

この場合も、借家人を立退きさせない限り、敷地を自由に処分することはできません。

したがって、貸家建付地の評価では、自用地の評価から制約を受ける部分を控除して評価することになっています。

制約を受ける部分＝自用地評価額×借地権割合×借家権割合×賃貸割合

③借地権の評価方法

そして、土地を借りて家屋を建てている場合には、借地権の評価をしなければなりません。

借地権は貸宅地と表裏一体のものですので、貸宅地の評価方法で述べたとおり下記のような評価方法になります。

借地権＝自用地評価額×借地権割合

［家屋は、固定資産税評価額と同じ］

▶自用家屋の場合

　自宅などの自用家屋の評価は、固定資産税評価額と同額になります。固定資産税評価額は、市区町村（東京23区の場合は都税事務所）で発行する「固定資産評価証明書」に記載されています。

▶貸家の場合

　貸家の場合は、固定資産税評価額×（1－借家権割合×賃貸割合）となります。
　借家権割合は、全国一律で30％となります。

▶構築物の評価方法

　不動産所得がある方は、毎年所得税の確定申告書とともに青色決算書（または収支内訳書）を税務署に提出します。この決算書の減価償却明細欄に構築物が載っているケースがあります。具体的には、駐車場設備（立体駐車場、舗装工事、パーキングメーター等）、外溝工事、擁壁工事などです。
　評価額は残存価額の70％です。ただし、減価償却を定額法で行っている場合には定率法に焼き直す必要があります。

不動産の評価

1 土地の評価単位

甲に貸し付け A	乙に貸し付け B

1筆の宅地
A・Bそれぞれ1利用区分

甲の店舗
甲の居宅

2筆の宅地
A・B併せて1利用区分

2 不動産評価具体例

路線価20万円、面積300㎡、借地権割合60%、
借家権割合30%、賃貸割合50%、家屋の固定資産税評価額1,000万円

(1) 宅地の場合

　①自用地の評価
　　20万円×300㎡＝6,000万円

　②貸宅地の評価
　　20万円×300㎡×(1−0.6)＝2,400万円

　③貸家建付地の評価
　　20万円×300㎡×(1−0.6×0.3×0.5)＝5,460万円

　④借地権の評価
　　20万円×300㎡×0.6＝3,600万円

(2) 家屋の場合

　①自用家屋の評価
　　＝1,000万円

　②貸家の評価
　　＝1,000万円×(1−0.3×0.5)＝850万円

節税のポイント

1. 家屋の固定資産税評価額は、3年に一度評価替えが行われる。
2. 家屋の固定資産税評価額の目安は、建築価のおおむね60%程度。
3. 預金を家屋に換えれば、4割相続財産が圧縮!

06 財産評価② 小規模宅地等の減額

小規模宅地等を評価減する！

どのようにすれば特例対象宅地等の減額適用を受けられるのか？

チェック
ポイント

① 特例を受けられる人とは誰？
② 特例対象宅地の条件とは？
③ 減額金額はいくら？

▶この制度の中身

　相続または遺贈によって取得した財産の中に、相続開始直前には被相続人や、被相続人と生計一の人の事業用家屋や、居住用家屋の敷地等で生活基盤であった土地・借地権があれば、これらがひとまず、特例対象宅地になります。その特例対象宅地に該当する宅地等を取得した人が、「特例を受ける」ことを選択した場合には、条件付きでその評価額が減額されます。

　減額金額は、一定の限度面積の範囲内で所定の減額割合を用いて計算されることになります。

　なお、宅地の相続開始直前の用途や取得した人のその宅地とのかかわり方によって、対象となる面積の限度と、減額割合も異なってきます。

［特例の対象となる宅地等］

▶大きく分けて3タイプ！

　特例の対象になる宅地等とは以下のいずれかの宅地等に該当することが必要です。相続開始の直前の状況が、
①被相続人等や特定同族会社の事業用に使われていた宅地等で、建物や構築物の敷地であるもの（被相続人等とは、被相続人及び、被相続人と生計一の被相続人の親族

②被相続人等の居住用に使われていた宅地等で、建物や構築物の敷地であるもの。
③被相続人等の貸付事業の用に供されていた宅地等で、建物や構築物の敷地であるもの。

▶平成25年度税制改正

　平成25年度税制改正により平成27年1月1日から相続税の基礎控除が引き下げられ相続税は増税となりました。しかし、その代わり小規模宅地等の特例については不合理が解消され使い勝手がよくなる改正がありました。
①二世帯住宅に居住していた場合
　二世帯住宅の敷地の用に供されている宅地等について、二世帯住宅が構造上区分された住居であっても、区分所有登記がされていなければ、その敷地全体が特例対象となります。これにより玄関が別々で中で行き来ができなくても特例の対象となります。
②老人ホームに入居又は入所していた場合
　改正前は終身利用権付きの介護施設に入居すると特例が使えませんでした。しかし、次の理由により被相続人の居住の用に供されていなかった場合でも特例の対象となります。ただし、入居後に、事業の用に供されたり、生計一親族でない者などの居住の用に供されていた場合は除かれます。
　　イ．要介護認定又は、要支援認定を受けていた被相続人が、一定の住居又は施設に入居又は入所していたこと。
　　ロ．障害支援区分の認定を受けていた被相続人が障害者支援施設などに入所又は入居していたこと。など

［いくら減額になるか？］

▶用途によって減額の率、対象面積が決まる

①特定事業用宅地等（特定同族会社事業用宅地等を含む）とされるもの
　　限度面積400㎡、減額割合80％
②特定居住用宅地等とされるもの
　　限度面積330㎡　減額割合80％

③前記以外（貸付事業用宅地等）

　限度面積200㎡　減額割合50％

▶小規模宅地等の特例の優遇を受けるもの

　前記の事業用のうち特定事業用宅地等に該当する要件は、被相続人の事業用宅地等で、その宅地等の相続等をした人が申告期限までにその事業を引き継いでいることです。また、宅地等を事業を行っていた生計一親族が相続等をし、同様に申告期限までに自分の事業に使うのであれば対象になります。ただし、両方とも、申告期限までその宅地等を所有していることが求められます。

　不動産の貸し付けは特定事業用宅地等の対象にはなりませんが、被相続人の同族会社への貸し付け用で、申告期限まで引き続き同族会社の事業の用（貸付用以外）に供され、取得した人の中に申告期限の時点で、その同族会社の役員である人がいること、かつ申告期限までその宅地等が所有されていれば、特定同族会社事業用宅地等に該当します。

　特定居住用宅地等に該当するものは、配偶者が取得すれば無条件に対象になります。
　そのほか、
①同居親族で継続して居住している
②３年内家なき子
　　イ．被相続人に配偶者及び同居の法定相続人がなく
　　ロ．相続開始前３年以内に相続人及びその配偶者の所有する家屋に居住したことがないこと
　　ハ．その宅地等を申告期限まで保有していること
③生計が一で相続が開始する前から居住している
　以上のいずれかに当てはまる取得者がいれば、対象になります。

　選択できる宅地等は限度面積内であれば、一部は特定事業用、一部は特定居住用、あと一部は貸付事業用を選択することも可能です。

特例適用宅地等の限度面積の調整方法

(単位:万円)

選択した特例対象宅地等	※適用限度面積
(1) すべてが特定事業用宅地等 （特定同族会社事業用を含む）の場合	400㎡
(2) すべてが特定居住用宅地等の場合	330㎡
(3) 貸付事業用宅地等の場合	200㎡

※適用限度面積
　特例対象となる限度面積は、上の区分に分けられ、それぞれ下記の計算式で計算した面積になる。
　複数の特例を選択する場合は、下記のとおりとなります。

①特定事業用宅地等（特定同族会社事業用宅地等を含む）と特定居住用宅地等のみの場合

　　特定事業用宅地等（特定同族会社事業用宅地等を含む）で400㎡以下、及び特定居住用宅地等で330㎡以下、合計730㎡まで（平成27年以降の相続より完全併用できるようになりました）

②貸付事業用及びそれ以外の宅地等を選択する場合

　　（1）×200／400＋（2）×200／330＋（3）≦200㎡

節税のポイント

1. 小規模宅地等の特例の効果については、まず、選択する宅地等の1平方メートルの単価の評価額が高いことがポイントになる。
2. 次に、用途や利用現況による減額率及び、適用面積の大きさがポイントになる。
3. 適用するには、相続人間での選択と合意が必要なため、分割でもめていると特例が活用できないケースもあるため注意が必要となる。

07 財産評価③ 株式等

有利な株式の評価額とは？

上場株等は終値、非上場株は取得者の区分による

チェック
ポイント

① 上場株式はどう評価するのか？
② 取引相場のない株式は、どう評価するのか？
③ いつ贈与するのが得か？

▶上場株式の評価方法

　上場株式とは、全国5カ所の金融商品取引所（東京、大阪、名古屋、札幌、福岡）に上場されている株式をいいます。

　上場株式は、その銘柄の異なるごとに評価します。その評価額は、その株式が上場されている金融商品取引所の課税時期（相続の開始日や贈与の日）の終値または課税時期の属する月以前3カ月間の毎日の終値の各月ごとの平均額のうち、もっとも低い価額とします。国内の2つ以上の金融商品取引所に上場されている場合には、納税者が選択した金融商品取引所とします。

　端株も忘れずに評価しましょう。

［取引相場のない株式の評価方法］

▶取引相場のない株式とは？

　取引相場のない株式とは、上場株及び気配相場のある株以外の株です。

　これは通常の取引相場（市場価格）がないので、上場株のように一律に評価せず、その取得者の所有目的によって異なる評価をします。

　また、株式会社以外の持分会社、医療法人、企業組合に対する出資についても、取引相場のない株式の評価方法に準じて評価します。

▶原則的評価方法

その取得者の所有目的が、会社の支配や経営権の行使にあると認められる場合の評価方法です。同族株主グループがその会社の発行済株式の大半を所有し、かつその大株主が役員に就任しているような場合です。

この評価は、発行会社の規模や取引金額により下記の3つに区分されます。

（1）大会社（類似業種比準価額方式）

その会社と類似する業種の上場会社の株価に、その会社の配当・利益・純資産の3要素を比準させて出した割合を乗じて評価する方式です。

（2）中会社（併用方式）

次の3つの区分に応じて、類似業種比準価額方式と純資産価額方式の併用により評価します。

純資産価額方式は、その会社の有する資産の評価額から負債の評価額を控除した純資産価額を基に算出します。

　①中会社の大

　　類似業種比準価額×0.9＋純資産価額×0.1

　②中会社の中

　　類似業種比準価額×0.75＋純資産価額×0.25

　③中会社の小

　　類似業種比準価額×0.6＋純資産価額×0.4

（3）小会社（併用方式）

類似業種比準価額方式と純資産価額方式の併用により評価します。

類似業種比準価額×0.5＋純資産価額×0.5

▶特例的評価方式

同族株主以外の人が株式を取得した場合には、会社の支配や経営権の行使というより、配当を期待していると考えられるため、受取配当金をもとにした配当還元方式により評価します。

▶特殊な株式の評価

取引相場のない株式のうち、①総資産中の土地や株式の価額が一定割合を超える場

合、②開業前及び休業中の場合、③開業後3年以内の場合、④清算中の場合には、それぞれの状況に応じた評価が必要となります。

［評価してみよう］

▶上場株式の場合

具体例で説明してみましょう。

「平成28年11月15日に相続開始した上場株式の評価額は、いくらになりますか」

40ページの■のように、A電気は課税時期の終値と11月、10月、9月の終値の月平均のうち、10月の終値の月平均980円が一番低くなり、980円が評価額になります。

▶非上場株式（特例）の場合

「私の父は勤務先（非上場会社）の株式を保有（少数株主）しています。この株の評価額はいくらですか」

株式所有者が支配株主ではないため、特例的評価方法である配当還元価額で評価します。配当還元価額は次の算式で計算します。

①年平均配当金額

（直前期＋直前々期年配当金額）÷2／発行済株式数（50円換算）

この金額が2円50銭未満のときは2円50銭とし、記念配当等の非経常的な金額を除きます。

②配当還元価額

①／10％×1株あたりの資本金額／50円

本例の場合には40円となります。（40ページの❷（1）を参照）。

▶非上場株式（原則）の場合

「非上場株式の55％を保有していますが、評価額はいくらになりますか（会社規模は小会社）」

支配株主の株式の評価は、原則的評価方式となります。小会社ですので、純資産価額又は類似業種比準価額と純資産価額の併用により評価します。

類似業種比準価額は、次の算式により計算します。

$A×\{(b／B)+(c／C)×3+(d／D)\}／5×E×（1株あたりの資本金等の額／50円）$

- A → 業種目別株価。118の業種目別に国税庁が公表。1株あたりの資本金等の額を50円として数値化。
- B（b）→ 類似業種（評価会社）の1株あたり配当
- C（c）→ 類似業種（評価会社）の1株あたり年利益
- D（d）→ 類似業種（評価会社）の1株あたり純資産
- E → 斟酌率。大会社0.7、中会社0.6、小会社0.5

本例の場合には9,375円となります。

純資産価額は、次の算式により計算します。

①発行済株式総数の純資産価額

$A-B-\{(A-B)-(C-B)\}×37\%（※）$

A→相続税評価額により評価した総資産価額

B→負債の金額（帳簿価額）

C→帳簿価額による総資産価額

（※）37％の控除率は、平成28年4月1日以後の相続・遺贈又は贈与の場合に適用

②1株あたりの純資産価額

①／発行済株式総数

本例の場合には1万4,816円となります。

類似業種比準価額と純資産価額を併用して、評価額1万2,095円が求められます。実際の計算は40ページの**2**（2）を参照ください。

株式の評価方法

❶ 上場株式の評価方法

● 課税時期（相続開始日）平成28年11月15日

銘柄	最寄りの取引所の名称	課税時期の終値（11.15）	終値の月平均 その月（11月）	終値の月平均 前月（10月）	終値の月平均 前々月（9月）	評価額 左のうち最小額
A電気	東証1部	1,030円	1,390円	980円	995円	980円

❷ 取引相場のない株式の評価方法

(1) 特例的評価方式（配当還元価額）

[資本金] 6,000万円（旧額面50円） ／ 発行済株式総数　120万株
[配当金] 直前期　360万円　直前々期600万円

①年平均配当金額　（360万円＋600万円）÷2／120万株＝4円
②配当還元価額　　4／10％×50／50＝40円

(2) 原則的評価方式

①類似業種比準価額

業種目別株価　300円
1株あたり配当（評価会社　25円／類似業種　3.5円）
1株あたり年利益（評価会社　80円／類似業種　24円）
1株あたり純資産（評価会社　2,500円／類似業種　177円）
斟酌率（小会社）0.5
資本金等の額　300万円（1株あたりの資本金等の額500円）
発行済株式総数　6千株

(イ) {(25円／3.5円) + (80円／24円) × 3 + (2,500円／177円)} ／ 5
　　 = 6.25
(ロ) 300円 × 6.25 × 0.5 = 937.5円
(ハ) 937.5円 × 500円／50円 = 9,375円

② 純資産価額

● 発行済株式総数　6千株

(単位：千円)

資産の部			負債の部		
科目	相続税評価	帳簿価額	科目	相続税評価	帳簿価額
土地	150,000	100,000	未払退職金	10,000	10,000
建物	10,000	30,000	借入金	70,000	70,000
その他資産	20,000	20,000			
合計	180,000	150,000	合計	80,000	80,000

(イ) 1億8,000万円 − 8,000万円 − {(1億8,000万円 − 8,000万円) − (1億5,000万円 − 8,000万円)} × 37% = 8,890万円
(ロ) 8,890万円 ÷ 6千株 = 1万4,816円／株

③ 前記①と②の併用
　 9,375円 × 0.5 + 1万4,816円 × 0.5 = 1万2,095円

節税のポイント
1. 上場株式の負担付贈与（贈与と一緒に借入金を負担させる場合など）は、課税時期の終値が評価額になるので要注意。
2. 取引相場のない株式は、取得後の議決権割合で評価方法を決定する。
3. 株価が下がっているときに生前贈与をすると相続税の負担が減少する。

08 財産評価④ そのほかの財産

金融資産・ゴルフ会員権等

これがカウントしないでよい財産、漏れやすい財産

チェック
ポイント

① 評価方法とは何に基づくのか?
② 財産にカウントしないでよいものとは?
③ 年金受給権の評価方法は?

▶「その他の財産」と相続税

　相続税の計算では相続財産の評価は原則として、相続が発生したときの被相続人の所有する財産すべてを時価で評価し、「換金したらいくらになるか?」という立場に立っています。

　しかし、すべての財産について、このように的確に換金価値が引き出せるものではありません。

　相続税や贈与税の課税対象になる財産は、土地、家屋などの不動産、家財、営業権や著作権などの権利、有価証券や金融資産、ゴルフ会員権、骨董品など、幅広いものになっており、これらの財産評価の手法が「財産評価通達」に盛り込まれています。まず、私たちの身近にある金融資産から説明してみます。

[カウントしないでよい財産・漏れやすい財産]

▶金融資産等の評価

　預貯金は原則として、相続開始日現在の預入残高とその日に解約したとしてそれまでの経過利息を合計し、その預金利息から差し引かれるはずの源泉税を差し引いた金額を評価額とします。

　次に貸付金等債権については、返済されるべき元本の金額に支払われるべき既経過

利息分を加えたもの、となります。ただし、この貸付債権等の相手が破産したために、会社更生法等の適用があり、回収が不可能と判断されるものは、元本の価額に入れないで済みます。

▶ゴルフ会員権の評価

①取引相場のある会員権の場合には、通常、取引価格×70％で評価します。別に返還を受けることができる預託金等がある場合は、その金額を加算することになります。その預託金等が一定期間後に返還されるときは、基準年利率による複利現価で計算します（以下同様です）。
②取引相場のない会員権の場合には、株主制度を採用するものと、預託金制度を採用するものと、双方を併用採用するものによって異なります。株主制度のものは、「株式として評価した金額」で評価します。預託金制度を採用するものは「返還を受ける預託金等の金額」で評価し、併用制度の場合は「株式として評価した金額」と「預託金等として評価した金額」の合計で評価します。
③プレー権のみの会員権は評価ゼロの扱いになります。

▶書画、骨董品等の評価

うっかりすると財産から漏れがちなものに書画・骨董・美術品等の故人の趣味にかかる財産があります。これらは「販売業者でない人が持つ骨董品等は売買実例価額、精通者意見価格等を参酌して評価する」ことになっています。税務署から送られてくる被相続人の経歴書用紙に故人の趣味を記入する欄があるのももっとものようです。特に著名な作者の作品等は評価額がかなり高くなり、税負担が大きくなるケースがあります。

▶金地金の評価

金地金も財産申告漏れが多いものです。
この評価は「買取価格」とされており、公表されている1グラムあたりの金額に重量をかけた値を相続税評価額とします。
金地金には、貴金属業者の刻印があるので、この買取価格はその業者に直接問い合わせるとよいでしょう。
貴金属業者は、200万円を超える金額で金地金を購入した場合、税務署へ「金地金

等の譲渡の対価の支払調書」を提出することが義務付けられています。

　仮に相続の際に財産申告漏れであったとしても、相続後に200万を超えて売却すればこのタイミングで税務署が知ることになります。

　また、相続の税務調査の際、自宅の金庫に家族も知らなかった金の延べ棒が初めて見付かるといったケースも多いため、金地金の存在は生前に家族に伝えておきましょう。

［財産と換金価値に大差のでるものがある！］

▶年金受給中に相続が発生したら

　最近は老後の生活に備えて、公的年金のほかに個人年金に加入している人が増えてきていますが、個人年金保険の受給中に受給者が死亡した場合には、受け取れるはずであった年金額が「年金受給権」として相続財産にカウントされます。年金の受取期間が有期の場合、終身の場合、保証期間付年金等の契約の違いにより、相続評価方法は異なってきます。

▶評価の方法は？

　受給者の死亡と同時に支払いが打ち切られる年金契約は権利消滅ですので当然相続財産にはカウントされません。

　しかし、死亡後も一定期間年金を受け取れるような契約のものは、①解約返戻金、②一時金相当額、③予定利率を基に算出した金額、のうちいずれか多い金額を相続税評価額とします（45ページ参照）。

　このように分割で受け取るタイプの保険は時価で評価されます。この評価方法は、平成22年に現行に改正されましたが、それ以前においては相続税評価額が時価より低く評価できたため、それを逆手にとった保険商品が数多く出回りました。それにより、改正前に相続対策のために加入した保険が今となっては相続対策になっていないというケースも考えられますので、注意が必要です。

定期金は時価で評価!

1 被相続人が生前加入していた個人年金保険契約内容と相続発生

```
10年確定年金　　年間受取額500万円
年金受け取り後4年で死亡事故　相続発生!
```

契約者 (保険料負担者)	被保険者	年金受取人	年金の支払い
ケース1	A (被相続人)	A	A	年金打ち切りになるので、Aさんの相続財産はゼロになる。
ケース2	A (被相続人)	A	A	※保証期間あり

※保証期間を10年とし、Aの死亡後残り6年間妻が年金を受け取るとする。
(解約返戻金2,990万円、一時金相当額2,800万円、複利年金現価率5.998)。
この年金の受取権利が相続財産になる。

2 相続税の発生と計算方法

ケース2の評価の計算式は、以下のとおり。
①解約返戻金の金額⇒2,990万円
②一時金相当額⇒2,800万円
③(1年間の年金給付額)×(残存期間に応ずる予定利率による複利年金現価率)
　⇒500万円×5.998=2,999万円

上記①から③のうちいずれか多い金額が評価額となる。
　　したがって、2,999万円となる。

節税のポイント

1. その他の財産は、残された家族がわかるようにまとめておく。
2. 年金受給権の評価方法は、原則時価評価に改正されている。
3. 年金受給権を受け取ることになる人は、毎年受け取る年金について所定の計算により所得税がかかる。

09 財産評価⑤ 債務・葬式費用

債務は財産から引ける

債務控除を最大限に活用するには、マメな領収書・レシートの収集を!

チェック
ポイント

① 債務控除の適用を受けることができる人は?
② 債務控除の範囲は?
③ 葬式費用で控除できるものとは?

▶債務控除とは

相続税は、亡くなった人から取得した財産を利益と見て課税される税金なので、相続人が債務や葬式費用を引き継ぐ場合には、その分だけ利益が減ったと考えられます。そこで、相続税法は、各相続人が取得した財産の価額から、その債務や葬式費用を控除して相続税を計算することとしています。また、債務控除の適用を受けることができる人、できない人、控除の対象となる債務や葬式費用の範囲が細かく規定されています。

このため、債務控除ができるものについてはマメに領収書・レシートなどで証拠を残し、債務控除できないもので生前に支出できるものは支出するということが相続財産を少しでも減らすことにつながります。

［債務控除の対象者］

▶適用を受けられる人

債務控除の適用を受けることができる人は、財産を取得した人のうち相続人に限られています。従って財産を取得していない人が債務を負担しても債務控除は適用できません。

ケース1 財産を取得したときに日本に住所があった人の場合（このような人を「無

制限納税義務者」と言います）

　その取得した財産の価額から被相続人の債務で相続開始の際にまだ未払いとして残っているもの及びその人が実際に負担した葬式費用のうち一定のものです。また、相続の放棄をした人及び相続権を失った人は債務を引き継ぐことはありませんが、葬式費用を負担した場合のみ債務控除することができます。

ケース2　財産を取得したときに日本に住所がない人で次の要件のすべてに該当しない人（「制限納税義務者」と言います）

・相続や遺贈により財産を取得したときに日本国籍を有している
・被相続人もしくは財産を取得した人が被相続人の死亡前5年以内に日本国内に住所を有したことがある

　取得した日本国内にある財産の価額からその財産に係る税金などのみ債務控除でき、葬式費用は控除できません。

▶債務の範囲は？

①未払いの税金など

　相続開始日において未払いの所得税、贈与税、不動産取得税、消費税、都道府県民税、市町村民税、事業税、固定資産税、自動車税など。

　※相続人のせいで延滞税、利子税、各種加算税を納めることとなった場合には控除できません。

　※都道府県民税、市町村民税、固定資産税、自動車税のように、地方税法で賦課期日が決められているものは、その日に納税義務が確定したものとして取り扱われます（たとえば固定資産税はその年の1月1日、自動車税は4月1日）。

　従って、相続開始日に未払いのもので納付期限がまだ到来していないものは全額債務控除できます。

②借入金、預り敷金、保証金など

　金額が確定していなくても、相続開始時に確実にあると認められる範囲で差し引くことができます。

　これらの債務が申告期限において負担者が未定の場合には、法定相続分で負担することとして計算します。

［債務控除ができる葬式費用］

▶債務控除ができる葬式費用

以下が債務控除できるものです。
①本葬、仮葬、通夜にかかった費用（会葬の御礼などもＯＫです）
②お布施・読経料、戒名料など
③お葬式の前後に生じた飲食代などの出費で通常必要と認められるもの
④火葬・埋葬・納骨をするためにかかった費用
⑤死体の捜索費または死体や遺骨の運搬費
⑥タクシー代
などです。

お布施、お手伝いの心付けなど、領収書がないものはこまめにメモを残しておくことが後の税務調査に備える大切なポイントになってきます。

亡くなられた方が国民健康保険に加入していた場合は埋葬費、社会保険に加入していた場合には埋葬料が支払われます。また、社会保険に加入している人の扶養家族が亡くなられた場合にも支払われます。

ただしこれらの手続きはすべて自己申告制になっているので申告しなければこれらの埋葬費等はもらえません。さらに、これらの埋葬費等には相続税はかかりませんので、もらい損ねないように必ず申請しましょう。

▶債務控除できない葬式費用

①香典返しの費用
②墓碑、墓地の購入費、借入料
③位牌代
④初七日法要費用、四十九日法要費用などの法要のための費用
⑤医学上又は裁判上の特別の処置のためにかかった費用

これらの費用は死者を葬る儀式とは関連がないと考えられるため、債務控除できません。

具体例でみてみましょう。

Q　私は、亡くなった甲とは内縁関係にありましたが、入籍はしていません。ただ、

生命保険の受取人になっており、1千万円の保険を受け取りました。葬式費用は私が払いましたが、債務控除できますか？

A 残念ながらあなたは相続人ではないので、受け取った保険金から支払った葬式費用を控除することはできません。

解説 09 債務控除できないもの

①	相続税の非課税財産の取得、維持または管理のために生じた債務	→ 仏壇、墓地などは生前に購入しておこう！
②	遺言執行のための費用	
③	物納するためにかかった測量費用	→ 物納予定の場合は生前に測量、境界確認をしておこう！
④	遺産分割後、財産を登記するための費用	
⑤	相続開始時においてすでに消滅時効が完成した債務	
⑥	通常の保証債務	→ 主たる債務者が返済不可能の場合等のみ控除可
⑦	身元保証債務	
⑧	信用保証	
⑨	死因贈与による贈与契約	
⑩	相続税の申告のために払った費用	
⑪	相続人のせいで納めることとなった延滞税、利子税、重加算税など	→ 被相続人のせいで徴収されることとなったものは控除可
⑫	相続時精算課税適用者の死亡により引き継いだ相続税の納税義務	

節税のポイント

1. 保証債務は原則控除できないが、主たる債務者が弁済不能の場合は控除できる。
2. 被相続人が支払うべき税金は付帯税（被相続人の責めに帰すべきものに限る）であってもすべて控除できる。
3. 仏壇や墓地は控除の対象とならない。

10 相続税の計算

基礎控除を引き 法定相続分で計算

各人の納める相続税はこうして求める

チェック
ポイント

① 課税財産のすべてに相続税はかかるのか？
② 法定相続人と法定相続分とは
③ 相続税の税率は一律か？

▶相続税を求める

　不動産や株式などのプラスの財産が評価され、債務などが差し引かれて、あなたの課税財産が計算されました。

　では、このすべてに相続税がかかるのでしょうか。また、この課税財産総額に税率を掛け合わせれば、相続税が計算されるのでしょうか。

　いいえ、ちがいます。さらに法定相続人の数に応じた基礎控除額を差し引けます。税金計算も、一度法定相続分をもらう形で財産を分けたと仮定し、その分けられた財産の金額に応じた税率をかけた額から、控除額を差し引いて税額を算出します。

　では、具体例を示しながら基本的な計算の流れを追ってみましょう。

［総額1億円の相続税を求める］

　夫婦と子ども2人の4人家族で、夫を亡くした場合です。相続財産から債務などを差し引いた課税価格の総額は1億円です。

　相続税はいくらになるでしょうか。

▶基礎控除の額

まず、基礎控除の金額を計算してみましょう。

このケースの場合、法定相続人の数は妻、子ども2人の3人です。したがって、600万円×3（人）の1,800万円に3000万円を加えた4,800万円が基礎控除の額となります。

課税価格の総額からこの基礎控除の額を差し引いて、課税遺産の額5,200万円が計算されます。

▶法定相続分で分ける

次に課税遺産の総額を法定相続分で分けたと仮定します。

法定相続分とは、民法の規定に従って、各法定相続人が受け取ることができる遺産の取り分です。遺言がない場合は、とりあえず、この法定相続分が各相続人の持分になります。

もっとも、法定相続分には、それほどの拘束力はありません。

実際は、この割合とは異なる割合で遺産を分割してもかまいませんが、相続税の計算上は一度この法定相続分で分けたとして計算されます。

このケースでは、妻が2分の1、子どもは残りを分け合って4分の1ずつ、法定相続分を持っています。

したがって課税遺産総額は妻の分として2,600万円、子ども2人に1,300万円ずつに分けられます。

▶税率をかける

次は法定相続分に分けられた課税遺産の金額に、この金額に応じた税率をかけて、それぞれの税額を計算します。

先に分けた課税遺産を相続税の速算表にあてはめ、税額を計算してみましょう（巻末資料参照）。

妻の法定相続分の遺産に対する税額は2,600万円×15％－50万円＝340万円、子ども2人のそれぞれの税額は1,300万円×15％－50万円＝145万円ずつとなり、合計630万円の相続税がかかることになります。

［誰がいくら相続するかで変わる、各人の相続税額］

　このようにして計算された税額は、実際に相続財産を誰がいくらもらうかにより、各人の負担相続税が決まります。
　計算方法はその相続財産総額に対する、もらう財産の割合で相続税を按分し、各人の相続税額が決定します。
　具体的に計算してみましょう。
　財産は妻が8,000万円、子ども2人が1,000万円ずつ貰うとします。この場合、妻は全体の80％を、子どもは10％ずつ貰うこととなりますので、妻の相続税額は相続税総額630万円×80％＝504万円、子どもは630万円×10％＝63万円の相続税を払うことになります。

▶相続税からの控除・加算

　ですが、あとで説明します配偶者の税額軽減（158ページ参照）や未成年者控除など、相続により財産を受け取る側の状況に応じて、相続人個々人の払わなければならない相続税の額が減る可能性もありますし、あるいは増える可能性もあります。

▶払うべき税金がなくなるケース

　たとえばこのケースでは、子どもは財産を相続しないことを了承し（相続を放棄したわけではありません）、妻がすべての財産を相続し、配偶者の税額軽減を受けるとしますと、妻が払わなければならない相続税は0円、つまりまったく払わなくてもよくなります。
　当然なにも相続しない子どもたちにも相続税はかかりませんので、相続税は払わなくてすみます。
　また、法定相続分の相続財産を子どもが相続するとしても、2人の子どもが8歳と9歳の子だった場合、これも未成年者控除により、230万円が子どもの相続税及び引ききれない部分が妻の分の相続税から差し引かれ、さらに妻は配偶者の税額軽減を受けると同じく相続税はかからないことになります。
　つまり、誰が、いくら、相続するかによって、相続税は大きく変わってきます。

[Part 1] 相続が発生! こんなときでもあわてない

解説10 相続税の計算の仕方

課税価格の合計額

《ケース》
課税価格　1億円

(△) 基礎控除
法定相続人の数×600万円＋3,000万円

(△) 基礎控除額
3,000万円＋法定相続人3人×600万円
　　　　　　　　　＝(△)4,800万円

課税遺産総額

課税遺産総額　　　　　　5,200万円

法定相続分で分ける

法定相続分

配偶者分　　子　　子

妻の分(1/2)　　　　　　2,600万円
子どもの分(1/4)　　1,300万円ずつ

税率　　税率　　税率

[税額計算]
妻の税額
2,600万円×15%−50万円
　　　　　　　　　＝340万円

税額　　税額　　税額

子ども1人の税額
1,300万円×15%−50万円
　　　　　　　　　＝145万円

合計

相続税総額

相続税総額　　　　　　　630万円

受け取る遺産の割合で分ける

[総額を分ける]
妻の貰う割合　　　　　　　80%
　　　　　相続税額　　　504万円

配偶者分　　子　　子

子ども1人の貰う割合　　　　10%
　　　　　相続税額　　　　63万円

節税のポイント

1. 課税価格の合計額から基礎控除額を差し引く。
2. これを法定相続分で分け、それぞれに対応する税率を掛け、控除を差し引き、税額を算出。
3. 算出された税金の合計額を、実際に相続する財産の評価額の割合で分ける。

11 遺産分割

10カ月以内に分割する

期限までに分割しなければ損することも

チェック
ポイント

① 遺産分割とは?
② いつまでにしなければならないのか?
③ 分割する基準はあるのか?

▶財産を分ける

　相続人が1人だけの場合、相続放棄をしない限り相続財産はその相続人がすべて相続することとなります。

　相続人が数人いて、遺産分割をしていない状態では、すべての相続財産は、相続人全員で共有していることになります。

　民法では、遺産分割はいつまでにしなければならないとの規定はありません。しかし、相続税の申告期限は亡くなった日の翌日から10カ月以内です。未分割のまま申告した場合には、小規模宅地等の特例や配偶者の税額軽減など相続税法上有利となる大きな特例が使えず、不利益を被ってしまいます。そうならないためにも、スムーズに遺産分割を行いましょう。

［遺産分割の概要］

▶遺産分割協議をするのは誰か？

　相続が発生しますと、相続人が複数いる場合には、故人の財産債務をすべての相続人で共有することになります。このような状態を解消し、個別の財産や債務を個々の相続人に帰属させるための手続きを遺産分割と言います。

　ですが、かならず1つの遺産を1人がすべて所有する必要はなく、たとえば土地は

兄弟で２分の１ずつ共有するというような分割でもかまいません。

　遺産分割の協議は、かならず相続人全員で行います。一部の相続人だけで協議しても、それは無効です。

　もし、行方不明の相続人がいるときは「不在者財産管理人」の選任を家庭裁判所に申し立て、その財産管理人を行方不明者の代理人として、遺産分割協議を行うこととなります。

　相続人の中に未成年者がいる場合には、法定代理人または家庭裁判所で選任した特別代理人が、遺産分割協議に加わります。

▶いつまでに協議をするのか？

　先述のとおり、民法では遺産分割に期限はありません。しかし、分割が完了するまでは、遺産は共有という使いにくい状態ですし、分割が長引くと遺産の管理などの問題が生じかねませんので、早めに分割をしたほうがよいでしょう。

　一般的には、相続税の申告期限が亡くなった日の翌日から10カ月以内とされていることから、これを目標に遺産分割協議が行われているようです。

▶遺産分割の基準

　遺産は相続人全員の合意があれば、自由に分割できます。ほかの相続人が納得すれば、１人だけがすべての遺産を相続してもよいのです。

　また遺言があっても、これと異なった遺産分割をしてもかまいません。

　遺産が分割しにくい場合、たとえば遺産の大部分が自宅であったりする場合には、１人が全財産を相続し、ほかの相続人に対しては金銭で支払う「代償分割」、遺産を売却しその代金を分割する「換価分割」という方法で分割することもできます。

［もし遺産分割がまとまらないと］

▶配偶者控除が受けられない

　相続人（妻と子どもとします）の間で遺産分割がまとまらず、未分割の状態で相続税の申告をしたとします。

　こうした場合、妻は配偶者の税額軽減を受けることはできません。別記のとおり、配偶者の税額軽減の対象となる財産には、原則として、相続税の申告期限までに分割

されていない財産は含まれないこととされています。仮にその後、申告期限後3年以内に分割が成立した場合には、申告し直すことで軽減を受けることができます。しかし、最初の申告時に、軽減がない税額を払わなければならないため、一時的にせよ多くの納税資金が必要となります。

▶小規模宅地等の特例の減額が受けられない

　事業用、または居住用に供している宅地等を相続した場合、一定の面積については通常の方法で評価した価額から、決められた算式により求めた金額を控除することができます。

　しかし、この小規模宅地等の減額も相続税の申告期限までに遺産分割が成立していない宅地等には適用されません。

　これも申告期限後3年以内に分割が成立すれば遡って適用することはできます。しかし、この減額の対象は事業用のものや居住用のものであるため、税金の面だけでなく、仕事や生活の面からもできるだけ早い段階で遺産分割すべきでしょう。

▶農地等の納税猶予が受けられない

　納税猶予制度とは、農業を営んでいた被相続人から一定の農地等を相続した相続人が、これらの農地等で引き続き農業をする場合に、ある基準に基づいた税額の納税を猶予する制度です。この制度では、一定の期限まで営農することにより相続税が猶予され、免除される制度です。

　この特例は、申告期限までにその農地等について遺産分割が成立していなければ、適用を受けることができません。仮に申告期限後3年以内に分割が成立したとしても、もはや適用を受けることができない点で、先述の2つの特例と異なりますので、注意が必要です。

　いずれにせよ、遺産が分割されないまま申告期限を迎えることは、相続税額に大きく影響するだけでなく、相続人間の関係を悪化させる原因ともなりかねません。相続人それぞれが歩み寄って「争族」にならないようにしたいものです。

解説11 相続税申告期間内に遺産分割できなかった場合

🔟 配偶者の税額軽減が受けられない

相続財産×配偶者の法定相続割合、もしくは正味財産額1億6,000万円、いずれか大きい額まで配偶者に税金はかからない。

🔟 小規模宅地等の減額が受けられない

分割が成立していれば、住居用または事業用に供している宅地等の一定の面積まで、評価額を80%～50%減額することができる。

🔟 農地等の納税猶予制度が使えない

分割が成立して相続人が農業を始めていれば、相続税のうち相当の額について、一定の要件の下に納税を猶予してもらえる。

節税のポイント

1. 遺産分割協議をする際には、かならず相続人全員と協議を行う。
2. 法定相続分を考慮して、相続人全員の合意の上で遺産分割を行う。
3. 相続税の申告に間に合うように10カ月以内に遺産を分割し、配偶者の税額軽減等の特例を受けよう。

12 名義変更

名義変更の手続きをするには?

相続財産の種類により名義変更手続きが異なる

チェックポイント
① 財産の種類により変更手続きは違うか?
② 変更手続きは誰がするのか?
③ 費用はどのくらいかかるのか?

▶名義変更とは?

遺産分割の話がまとまると、被相続人の財産は各相続人の財産になります。しかし、被相続人の名義であった預金口座や不動産の名義が自動的に変更されるわけではありません。被相続人の名義から遺産を取得した相続人の名義に変更する手続きが必要となります。

この手続きをしていない場合、いつまでも被相続人の名義のままとなり、誰の財産かが明確になりません。また、将来名義変更をしようとした場合、相続人全員の印鑑(実印)が簡単に揃わないケースもあります。

遺産分割が成立しだい、速やかに名義変更をすることが大切です。

[名義変更しないと面倒なことになる]

▶多い不動産の名義変更漏れ

相続財産のうち、一般的にもっとも多額なのは不動産です。じつは、相続による名義変更をしていないケースが多いのもこの不動産なのです。

なぜかと言うと、
①不動産名義の変更には登記費用がかかる
②名義変更をしなくても、当面支障がない

などが理由です。

　名義変更には、遺産分割協議書に実印を押すだけではなく、不動産であれば法務局へ提出する名義変更のための申請書面や司法書士に登記を委任する際の委任状などに実印が必要となったり、銀行口座や証券会社口座の名義変更をする際にも、各金融機関や証券会社が用意した所定用紙への実印が必要となります。

　遺産分割協議がまとまった後、名義変更をしないまま放置していると、名義変更のため必要となる書類に、他の相続人から実印を押してもらう事が困難となっていきますので、放置が長ければ長いほど名義変更が面倒なものへと変わっていきます。

　なお、遺言による遺産分割の場合も、名義変更していなければ同じようなことが起こりますが、協議分割の場合と比較すると他の相続人の実印はいりませんので手間を省略することができます。

▶相続人が増える？

　名義変更の手続きをしていないと、次のように面倒なことがおこります。
①相続人の実印をもらおうとしても、本人がすでに高齢になっていて、判断能力がなかったり、また家族の反対により手続きが進まなくなる。
②相続人本人がすでに亡くなっていた場合、その方の相続人の実印が必要になる。

　ときどきあるのは、不動産がなぜか祖父の名義になったままで、その後の相続による名義変更がいっさいされていないようなケースです。昔は家督相続であったため、相続人全員の実印を必要とすることはありませんでした。しかし、現在は各相続人が相続権を持っているため、すべての相続人（相続人が亡くなっていれば、その相続人）の実印が必要となります。つまり、時間経過とともに実印を押して貰う必要のある相続人の数がどんどん増えていくことになるわけです。

［相続財産の名義変更手続き］

▶土地建物の名義変更

　土地建物の名義変更は、その不動産の所在地を管轄する法務局で行います。財産価値が高く、手続きが複雑なため、一般的には司法書士に手続きを依頼しているケースが多いと思います。

　不動産の相続登記には、司法書士への報酬とは別に以下の登録免許税がかかります。

登録免許税＝土地・建物の固定資産評価証明書の価額×1000分の4

　固定資産評価証明書は、市区町村役場（東京23区では各都税事務所）で発行しています。

　また、被相続人が地主等と契約していた借地契約及び借家契約による借地権及び借家権も相続により相続人が承継することになります。原則的に借地権・借家権は相続人に当然承継されることになりますので、地主等の承諾がなければ相続できないというようなことはありません。

▶預貯金の名義変更

　金融機関によって手続きが異なります。事前に問い合わせて、必要な用紙を取り寄せましょう。戸籍謄本なども、銀行でコピーをとって原本を返却してくれるところもあれば、原本を提出しなければならないところもあります。費用はかからないところがほとんどです。名義変更ではなく、口座を解約してしまうこともよくあります。解約の場合も同様に各金融機関の所定の用紙に必要事項を記載し、必要書類を準備することになります。

▶株式の名義変更

　株券を数社の証券会社に保護預けしている場合は、預貯金と同様、各証券会社に事前に連絡して所定用紙を取り寄せて、必要書類を準備することになります。

　端株を持っている場合は、株式名簿管理人である信託銀行で変更手続きを行います。未公開企業の株式については、会社にその旨を連絡して変更手続きを確認してください。

　以上のように名義変更手続きは、財産種類ごとに処理方法が異なり、手間と時間がかかります。

名義変更手続き提出先と要旨

種類	窓口	主な必要書類
不動産	所轄する法務局	・被相続人の出生から死亡までの戸籍謄本及び住民票(除票) ・相続人全員の戸籍謄本及び印鑑証明書 ・遺産分割協議書 ・登記申請書 ・固定資産評価証明書 ・委任状(代理人に委任する場合)
預貯金	各金融機関	・被相続人の出生から死亡までの戸籍謄本 ・遺産分割協議書(各金融機関の所定用紙の事もあり) ・相続人全員の戸籍謄本及び印鑑証明書 ・各金融機関の所定用紙
有価証券	各証券会社	上場株式は ・被相続人の出生から死亡までの戸籍謄本 ・遺産分割協議書(各証券会社の所定用紙の事もあり) ・相続人全員の戸籍謄本及び印鑑証明書 ・各証券会社の所定用紙
	各会社	未公開株式は ・戸籍謄本 ・各会社所定の用紙
ゴルフ会員権	各ゴルフ場	・除籍謄本 ・遺産分割協議書又は同意書 ・代表相続人の印鑑証明書 ・各ゴルフ場所定の用紙
公共料金	各会社	・除籍謄本又は死亡診断書 ・承継者の戸籍謄本又は抄本 ・加入承継届

節税のポイント 不動産の登記費用(登録免許税)は登記する年度の固定資産税評価額を基準に計算されます。将来土地の固定資産税評価額が上がれば、登記費用の負担も増えます。また、固定資産税評価額は3年に1度、評価替えが行われ、公示地価の約7割が基準になります。

13 申告・納税

物納したり、分割払いもOK

10カ月以内に納付できない場合は税務署と打ち合わせよう

チェックポイント

① 相続税の申告と納付はいつまで？ どこに提出するのか？
② 納付が遅れたらどうするか？
③ 相続税を期限内に納めるお金がないとどうするのか？

▶相続税の納税方法

　相続税も、所得税等ほかの税金同様、一定の期限までの金銭による一括納付が原則となっています。

　しかし、相続はある日突然起こった、ということが多いのではないでしょうか。ほかの税金と違い、突然父親の死亡による相続で、多額の税金を急に支払わなくてはならなくなってしまったりしますが、その場合どうすればよいのでしょうか。

　税務署に認められれば、特別に年賦払いによる納付（延納）や、延納でも無理だと認められた場合、相続財産そのものによる納付（物納）の方法があります。

　延納・物納いずれの方法も、税務署が認めたら許可されます。納税者が申請しただけでは認められません。

［相続税の申告・納税期限を守ろう］

▶いつまでに納付するのか

　相続税の申告・納税は、相続や遺贈で財産をもらった人全員の正味の遺産額の合計額が、基礎控除額（3,000万円＋600万円×法定相続人の数）を超える場合に必要となります。

　相続税の申告書の提出先は、故人の住所地を所轄する税務署です。財産をもらった

方の住所地ではありません。

相続税の申告・納税は、死亡の日の翌日から10カ月以内に行わなくてはなりません。納付期限内の意味を具体例で説明してみましょう。

「父が2月10日に亡くなったので、相続税の納税期限は12月10日になると思うのですが、その日は日曜日でした」

この場合、翌日の12月11日が期限となります。つまり原則10カ月以内ですが、最終日が休日の場合、次の日となります。

納付が遅れてしまった場合には、延滞税として利息がかかります。

10カ月の期限を過ぎると、延滞税としてその翌日から実際の納付した日までの間について年2.8％（現時点）の割合（2カ月を経過した日以後は9.1％）で計算した延滞税がかかります（期限内申告をした場合）。

▶申告漏れの場合

亡くなった日から10カ月経過しますと、税務署から申告が適正かどうか調査されることがあります。その調査により申告漏れが明らかになった場合、加算税がかかってしまうことがあります。

具体的には、本来納付すべき税額に、次のような分類ごとの割合の額の税額が加算されます。

①相続税の申告書を期限内に提出しなかった場合は、納税額のうち50万円までの部分に15％、50万円を超える部分に20％（自主的に期限後申告した場合には5％）
②本来の税額より少なく申告した場合は納税額のうち納税額と50万円のいずれか多い金額までの部分に10％、納税額と50万円のいずれか多い金額を超える部分に15％（自主的に修正申告した場合にはかかりません）
③納税者が相続税額計算の基礎となる事実を仮装していた場合には、過少申告加算税に代えて35％の重加算税がかかります。さらに延滞税がかかります。

［延納・物納制度も利用できる］

▶延納とは？

納めたくても現金不足のために、納税できないこともあります。その救済として延納制度があります。延納とは、いくつかの条件を満たした場合に相続税を一定の利子

税を支払う代わりに年賦払いにより支払っていく納税方法です。その条件とは以下のとおりです。
①相続税の納税額が10万円を超えていること。
②金銭で一時に納付することが難しい理由があること。
③延納税額及び利子税の額に見合う担保を提供すること（延納税額が100万円以下で延納期間が３年以下の場合、担保は必要ありません）。
④延納しようとする相続税の納期限までに、延納しようとする税額など所定の事項を記載した延納申請書などを税務署長に提出すること。提出の後税務署から許可の通知がくればOKです。

▶物納とは？

　納税資金が苦しい場合、物納制度というのもあります。これは延納によっても相続税を納付することが困難である場合に、相続財産そのものをもって納める納税方法です。
　この物納を選択するにあたっても、以下の条件を満たす必要があります。
①延納によっても相続税を金銭で納付することに困難な事情があること。
②物納しようとする相続税の納期限までに、金銭で納付することを困難とする事情や物納に充てようとする財産など所定の事項を記載した物納申請書などを税務署長に提出すること。提出の後税務署から許可の通知がくればOKです。
　物納により納付する場合、以下の決まりごとがあります。①相続した財産であること、②その財産が日本国内にあること、そして、③以下の優先順位に従うことです。
（１）国債・地方債・不動産・船舶
（２）（１）を用意できないときは社債・株式などの有価証券
（３）（１）〜（２）を用意できないときは動産

解説13 延納制度のあらまし

1 延納期間

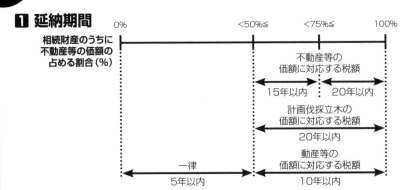

不動産等の占める割合に応じて延納できる期間が変わってきます。

2 延納による利子税率

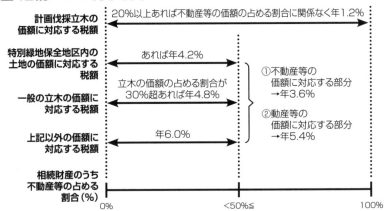

不動産等の占める割合・各財産の占める割合によって本税に付随する利子税の割合が変わってきます。また、延納特例基準割合に応じて利子税の割合も変動するため、延納申請にあたっては事前の確認が必要です。

節税のポイント

1. 延納期間が長くなればなるほど利子税の負担が大きくなってしまうので延納期間はなるべく短くする。
2. 延納の利子税率より金融機関からの借入金利子率が低いときは借入をして一括払いにしよう。
3. 物納の場合、その充てられた財産は相続税評価額で評価されるため、売却価格より相続税評価額の高いものを物納する。

14 遺産未分割の場合

相続人は確定申告する

未分割の場合は分割した場合と税額が大きく変わることもある

チェックポイント
① 遺産が未分割の場合の10カ月以内の申告は、どのようにするのか?
② 10カ月以内に分割できた場合の申告との違いは?
③ 申告書提出後に分割できた場合はどうするのか?

▶未分割遺産に対する相続税の計算

故人に遺言がない場合、相続人間で遺産分割協議が行われます。その話し合いがうまくつかず、相続税の申告・納税期限である10カ月以内に遺産の全部を分割できなかった場合でも、税務署は相続税の納税を待ってはくれません。

未分割の遺産については、各相続人が民法の規定による相続分の割合に従って、その遺産を取得したものとみなして相続税額を計算します。

民法の規定による相続分とは法定相続分や代襲相続分をいいます。

［未分割遺産がある場合のデメリット］

▶適用できなくなってしまう規定

未分割遺産がある場合の相続税の申告は、期限内にきちんとすべての遺産が分割され、申告・納税した場合に比べて主に以下のようなデメリットがあります。

（1）配偶者の税額軽減が適用されない

この税額軽減の規定により、配偶者は法定相続分（遺産の半分等）か1億6,000万円のどちらか大きい額につき相続税がかかりません。遺産の一部が未分割の場合は、その分割されていない遺産部分については適用されません。

（2）小規模宅地等の特例が適用されない

この特例の規定により、遺産のうち居住用や事業用のものについては各一定の面積（居住用は330㎡、故人の事業が不動産貸付業の場合は200㎡、不動産貸付業以外でかつ特定事業用宅地等に該当する場合は400㎡（居住用と特定事業用は完全併用可能））について評価額が通常の半分～20％となります。ただし、分割されていない宅地等については適用されません。

(3) 物納ができない

未分割の遺産は、相続人全員の共有財産とみなされ、物納財産としては不適当とされるため、原則として物納が許可されません。ただし、その共有者全員が持分の全部を物納する場合には、物納の申請をすることができます。

(4) 相続税の納税猶予が適用されない

農地等、非上場株式等などについて納税猶予の適用を受けるためには、その納税猶予の対象となる農地等が申告期限までに分割されている必要があります。

▶未分割から遺産分割へ（3年以内に分割できた場合）

とりあえず未分割遺産がある状態で期限内申告書を提出するとき、「申告期限後3年以内の分割見込書」を一緒に提出しましょう。

この分割見込書を提出することにより、未分割であった遺産が相続税の申告期限から3年以内に分割された場合、その分割された日から4カ月以内に更正の請求を行うことにより上記(1)(2)の優遇措置については適用することができるようになります。そして、過去の納税額が過大であった場合には、その多い部分につき還付を受けることができます。

この場合につきましても申告期限から3年以内、という期限がございますので充分な注意が必要です。

［未分割であった遺産がその後分割された場合］

▶分割された申告書等を提出

未分割遺産が分割されたことにより相続税額が変わったときは、新たに下記のような申告書等を提出しなくてはならない場合があります。

(1) 遺産が分割されたことにより新たに申告書を提出する必要が出てきた場合　→　期限後申告書

（2）遺産が分割されたことによりすでに確定し、申告を行っていた相続税額に不足が生じた場合　→修正申告書
（3）遺産が分割されたことによりすでに確定し、申告を行っていた相続税額が過大となった場合　→更正の請求

▶所得税にも影響

　相続によって取得した遺産を、申告書の提出期限から3年以内に譲渡した場合、所得税を算出する際の課税所得の計算上、一定額をその譲渡した遺産の取得費に加算することができる、という規定があります。

　取得費に加算することができるということは、取得費は譲渡金額から控除することができるので、それだけ課税所得が少なくなり、所得税の節税になります。

　この規定も3年以内に分割が決まらないと適用されません。たとえ申告期限までに遺産の全部が分割されなかったとしても、3年以内に分割してしまわないと、相続税のみならず所得税についても損をします。

　取得費に加算される相続税額の計算方法について簡単にご説明いたしますと、相続した土地、建物、株式などの財産を譲渡した場合、その譲渡した相続財産に対応する相続税額分が取得費に加算される相続税額となります。

　なおこの規定の適用を受ける場合、その財産を譲渡した年分の所得税の確定申告書に「相続財産の取得費に加算される相続税の計算明細書」等の書類を添付しなければなりません。

解説14 未分割の遺産を分割したら…

[具体例] 相続人：妻、長男、長女の3人
相続遺産：土地 500,000千円 借入金 52,000千円
夫の死亡日：平成28年1月10日

❶ 申告期限（平成28年11月10日）までに遺産が未分割の場合

（単位：千円）

相続人	妻	長男	長女	合計
算出税額	54,500	27,250	27,250	109,000
配偶者の税額軽減	0（適用なし）	−	−	0
納付税額	54,500	27,250	27,250	109,000

3名とも下記の申告書を平成28年11月10日までに提出し、納付税額を納付することになる。

相続人	妻	長男	長女
申告書	期限内申告書	期限内申告書	期限内申告書

❷ その後平成28年12月25日に分割された場合

（妻60%、長男35%、長女5%）　　　　　　　　　　　　（単位：千円）

相続人	妻	長男	長女	合計
算出税額	65,400	38,150	5,450	109,000
配偶者の税額軽減額	54,500	−	−	54,500
納付税額	10,900	38,150	5,450	54,500

税額の変動に応じて提出する申告書は下記のとおりになる。

（単位：千円）

相続人	妻	長男	長女
判定	54,500＞10,900	27,250＜38,150	27,250＞5,450
申告書等	更正の請求	修正申告	更正の請求
請求・提出期限	平成29年4月25日	なし	平成29年4月25日

節税のポイント

1. 遺産が未分割になることがないよう、生前にきちんとした遺産分割に関する話し合いを行っておく。
2. 申告期限までの分割が無理なら、申告期限後3年以内には行おう。
3. 相続した遺産を譲渡する場合は、申告期限後3年以内に行う。

15 相続人が海外にいる場合の準確定申告

出国税に要注意

海外居住の相続人が株を相続しただけで所得税がかかります！

チェックポイント

① 株が海を渡るとかかる出国税とは何か？
② 相続人が海外にいる場合の対応
③ 企業オーナーこそ対策が必要

▶出国税とは何か？

　まずは、イメージしていただきやすいように、簡単な例を思い浮かべて下さい。例えば100万円で購入した株式が200万円に値上がりしていたので、国内で売却をしました。このときの儲け（売却益）は100万円です。この100万円の儲けに対して、通常は所得税がかかります。まさに、株式の売却が実現して儲けが生じて、それに対して所得税がかかるというとても分かりやすい話かと思います。ところが出国税は、一定額以上の株式等を保有する資産家が株式を保有したまま海外に出国したとします。このときにはまだ株式を売却していないにもかかわらず、実現していない株式の儲け（含み益）に対して、所得税がかかってきます。とても理解がしにくい制度かと思いますが、世界にはシンガポールや香港などを代表として、株式の儲けに所得税がかからない国（いわゆる非課税国）があり、日本での所得税を逃れるために非課税国に移住して、その非課税国で株式を売却して税金を逃れる人がいます。このようなことを防止するために、有価証券を1億円以上保有しているなど一定の要件を満たす資産家を対象に手が打たれたのが、出国税であり、平成27年7月1日以降の出国から適用がされています。

　ここまで読まれて、「何だ、自分には出国の予定はないし、関係がない！」と思われた方は、お待ち下さい。この出国税ですが、実は本人の出国だけではなく、本人から海外に居住するご家族への贈与や本人が亡くなって海外に住む相続人に株式が渡った

場合についても同様に所得税がかかってきてしまうのです。

　近年は急激な国際化により、本人はまだしも、お子様が留学や海外転勤等で海外に居住する機会が増えています。また、現時点ではなくても将来は分かりません。まったく他人事ではないのです。

　なお、5年以内に日本に帰国した場合は、帰国してから4カ月以内に手続きをすれば納めた所得税を還付してもらうこともできます。

［準確定申告は出国税があっても4カ月］
▶相続の場合はもっと大変

　相続がきっかけで株が海を渡ると出国税がかかることは前述しましたが、この場合はもっと大変です。亡くなった被相続人の所得税の準確定申告は亡くなってから4カ月以内に行わなくてはならないことは、「Part1 03 所得税の準確定申告」の中でも解説しています。この出国税も亡くなってから4カ月以内に、しかも売却が実現していない株に対して出国税の申告と納付をしなければならないからです。

　このような声が聞こえてきそうです。「海外にいる相続人が株を取得しなければ問題ないでしょう？うちは日本に住む長男と海外で暮らす次男だけど、株は長男が相続する予定なので、結果として株は海を渡らないから大丈夫」

　確かに出国税の対象となる株式は日本に住む長男が取得、海外に住む次男は株式を取得しないという遺産分割協議が確定していれば、問題ありません。しかし、通常相続が起きてから4カ月以内に遺産分割が確定するかどうかは分かりません。むしろ一般的には4カ月は短期間であると思われます。仮に相続から4カ月以内に遺産分割協議が整わないと長男・次男が未分割、つまり兄弟の共有で株式を取得したものとされて、この場合は次男も取得したことになりますので、一旦は、出国税に係る準確定申告と納付が必要になります。その後遺産分割が確定した段階で税金を戻す手続きを行うことになり2段階での対応となります。いうまでもなく株式の売却自体は実現していないので納税資金をどのように捻出するかということになってきます。

　そのようなことも配慮して後述する納税猶予が選択できるようになりました。

［未確定でも納税が必要。ただし…］

▶納税猶予が選択できます

　一時的な出国や売却が未実現のため納税資金の不十分などいろいろな事情があるかと思います。制度上このようなことに配慮して、「納税管理人の届出書」を提出した人については、一定の要件のもと5年間（最大で10年）の納税が猶予できる制度が選択できます。もっとも猶予期間中は毎年のように届出書を提出しなければなりませんので、手間はかかりますが、納税資金が無い場合にはやむを得ない選択です。

▶相続人が海外にいる場合に備えておくべきこと

　上記を踏まえて、株式等を1億円以上所有している人の場合には、遺言を書いておくことをおすすめします。先の例でいうと国内に住む長男に相続させる旨の遺言があれば、亡くなってから4カ月以内にはすでに株式の行き先が決まっていますので、出国税に係る準確定申告と納付は不要となります。したがって海外居住の推定相続人もしくは、海外居住の可能性がある推定相続人がいる場合には、遺言を書いておくとよいでしょう。

▶自社株も出国税の対象となる！

　出国税の対象となる株式というといわゆる上場株式などを思い浮かべますが、実は、企業オーナーが保有する自社株も出国税の対象となります。自社株こそ評価額が高額となるわりに換金性が無いので、出国税がかかると大変なことになります。同じように海外居住の推定相続人に自社株が渡ると出国税の対象となりますので、やはり遺言を書いておくことや生前に自社株対策を行った上で先に国内の後継者へ自社株を移しておくなどの対策がより重要になってきます。

[Part 1] 相続が発生! こんなときでもあわてない

国外転出する場合の譲渡所得等の特例（出国税）の概要

[制度の内容]

対象者	国外転出（国内に住所及び居所を有しないこととなることをいう。以下同じ。）をする居住者
対象財産	有価証券等……所得税法に規定する有価証券及び匿名組合契約の出資持分 未決済デリバティブ取引等……決済をしていないデリバティブ取引、信用取引及び発行日取引をいう。
譲渡したものとみなされる額	次の区分に応じ、それぞれに定める時点における有価証券等の価額に相当する金額又は未決済デリバティブ取引等を決済したものとしてみなして算出した利益の額若しくは損失の額とする。 ①国外転出時までに納税管理人の届出をした場合 　国外転出時における金額 ②①以外の場合 　国外転出予定日の３カ月前の日における金額
要件	次の①及び②を満たす居住者であること ①上記「譲渡したものとみなされる額」に定める金額の合計額が１億円以上である者 ②国外転出の日前10年以内に、国内に住所又は居所を有していた期間の合計が５年超である者 なお、国内に住所又は居所を有していた期間には、納税猶予を受けている期間を含み、出入国管理及び難民認定法別表第一の在留資格をもって在留していた期間を除く。
５年以内に帰国した場合	帰国の日から４月を経過する日までに更正の請求をした場合において、本特例の適用を受けた有価証券等又は未決済デリバティブ取引等を保有し続けていたものについては、**本特例による課税を取り消す**ことができる。

節税のポイント

1. 一時的な出国や納税資金が不足している場合には、納税猶予制度が選択できるので、出国期間や金銭的な事情によって判断する。
2. 海外に相続人がいる場合には、思わぬ出国税の負担が生じないよう遺言を書いておく
3. 自社株も出国税の対象となるため、遺言と併せて自社株対策もきちんと行っておく

[Part 2]

親子で喜ぶ！
生前贈与

16 贈与税の仕組み

2通りの課税方法がある

家族からの贈与にも税金がかかるので、財産移転は慎重に！

チェック
ポイント

① 贈与税はいつ、誰に、どのような方法で課税されるのか？
② 相続税とどのように関係してくるのか？
③ どんな特例があるのか？

▶贈与税とは

　贈与税は、個人から不動産や現金などの財産を贈与されたときにかかる税金です（会社など法人から財産を贈与されたときは贈与税ではなく所得税がかかります）。また個人から著しく低額で財産を譲り受けたときや債務を免除してもらったときなども贈与税がかかります。

　贈与税はその財産を贈与された人が、その贈与された年の翌年2月1日〜3月15日までに確定申告を行い、納税します。

　確定申告を行う際の贈与税の計算方法には①暦年課税制度、②相続時精算課税制度、の2通りがあります。②を選択するには一定の要件を満たしている必要があります。

［贈与税の計算方法］

▶暦年課税制度とは？

　暦年課税制度とは、その人が1年間（1月1日〜12月31日まで）に贈与された財産の額を合計し、その額から基礎控除額である110万円を差し引いた残りの額に対して、その残りの額に応じた税率をかけて贈与税を計算する制度です（税率は巻末を参照）。また、平成27年以降の贈与につきましては、世代間の財産移転の更なる促進のため、「特例贈与」と「一般贈与」の2つに区別して贈与税を計算することとなりました。特

例贈与とは、祖父母・親から、20歳以上の子・孫へ行う贈与の事であり、一般贈与よりも税率が低く設定されています。特例贈与と一般贈与の税率の違いにつきましては、解説ページをご参照下さい。

相続時精算課税制度を選択する旨の届出をしない限り、通常贈与が行われた場合は、この方法により贈与税の計算を行い、納税します。

▶相続時精算課税制度とは？

相続時精算課税制度が平成15年に改正導入され、これにより、相続税と贈与税が一体化されました。さらに、平成27年以降につきましては、贈与者・受贈者の範囲を拡大する改正が行われております。なお、相続時精算課税制度をいったん選択してしまいますと暦年課税制度に変更することはできませんので、注意が必要です。

財産の贈与から相続に至るまでの一連の流れは以下のようになっております。

その人が1年間（1月1日〜12月31日）に贈与された財産の額の合計額から特別控除額2,500万円（一生の控除額が2,500万円のため、既に過去の贈与で控除額を使用している場合には、残額）を控除した残額に対して、一律20％の贈与税がかかります。

この制度を選択するには、以下のような条件があります。

①選択を行う受贈者は、贈与を行った人の推定相続人（代襲相続人を含む）である20歳以上の子、または、孫であること。

②贈与を行った人は、60歳以上の親、または、祖父母であること。

③この制度の適用を受けようとする最初の贈与を受けた年の翌年2月1日〜3月15日までに、税務署長にその旨の届出書を贈与税の申告書に添付し提出していること。

そして、その後この制度を選択していた贈与者である親や祖父母が死亡した際の相続税額の計算時、相続財産の額と、相続開始時までにこの制度により贈与した贈与財産の額を合算して相続税額を計算し、そこからいままで支払ったこの制度による贈与税額を差し引いて最終的に納付すべき相続税額を算出します。

このときに算出した相続税額より、今まで支払ったこの制度による贈与税額の方が大きい場合は、その差額については還付を受けることができます。

［制度の選択や特例の利用などで対策する］

▶贈与税の特例

（1）配偶者控除

　妻が夫から、または夫が妻から贈与を受ける場合には、基礎控除額（暦年課税の場合に1年につき110万円）のほか、最高2,000万円の控除が受けられます。ただし条件がいくつかあります。

①婚姻期間20年以上の夫婦間の贈与であること。
②居住用不動産の取得または居住用不動産取得資金の贈与であること。
③贈与された人がその年の翌年の3月15日までにその不動産に住み、または贈与された資金により不動産を取得してそこに住むこと。そしてその後も住み続けること。
④同じ規定を過去に受けたことがないこと。

（2）住宅取得資金贈与

　親、または、祖父母から、子へのマイホーム資金の贈与の際に一定額まで非課税となる特例です。こちらの特例は年により非課税となる金額が異なりますので注意が必要です。

▶暦年課税・相続時精算課税の比較

　毎年110万円ずつ10年に渡って贈与する場合、どちらが有利か具体例で説明してみましょう。

①暦年課税（特例贈与）の場合

　基礎控除額が1年につき110万円ですので贈与税は10年間0円です。相続開始前3年以内でなければ相続税も関係ありませんのでトータルでこの贈与に関しては税金は0円になります。

②相続時精算課税の場合

　110万円×10年＝1,100万円で、控除額の2,500万円を超えませんので贈与税は0円です。しかし相続時にこの1,100万円が相続財産に加算されるためその分相続税が増えます。

　このように、今回の場合は暦年課税制度を選択したほうが有利となります。ただし、

どの方法が一番有利かは、財産や年齢、ご家族の構成などによって違ってきます。また、特に資産家層で相続税が多額にかかる方などは、特例贈与を活用することにより、相続税の税率よりも低い税率で贈与を行い、将来の相続税の支払いを抑制する効果を期待できます。そこで、贈与を行う際は、ぜひ税理士等の専門家にご相談のうえ、相続税の試算を行い、相続税の税率など現状を把握した上で贈与を行うことをお勧め致します。

[Part 2] 親子で喜ぶ! 生前贈与

解説16 暦年課税制度と相続時精算課税制度との比較

	暦年課税		相続時精算課税
	特例贈与	一般贈与	
贈与する人	親・祖父母	制限なし	60歳以上の親・祖父母
贈与を受ける人	20歳以上の子・孫	制限なし	20歳以上の推定相続人たる子（代襲相続人を含む）または孫
対象財産	制限なし		制限なし
税額計算の際財産の額から控除される額	1年間につき110万円		親1人、一生につき2,500万円
税率	10%〜55%の超過累進税率（一般贈与より低くなってます）	10%〜55%の超過累進税率	2,500万円を超えた額につき一律20%
計算期間	1年間（1月1日〜12月31日までの期間）		
申告しなければならない場合	基礎控除額（110万円）を超える贈与		届出書提出後の贈与すべて
相続税との関係	相続開始前3年以内の贈与※は相続財産に加算、それ以外は無関係		贈与財産すべてを相続財産と合算

※贈与する人から相続または遺贈により財産を取得した場合に限ります。

節税のポイント

1. 暦年課税制度の選択時は毎年1人あたり110万円以下の贈与を行うことにより、相続税の節税につながる。
2. 特例贈与に該当する場合には、税率が低く設定されているため、より多くの金額の贈与を検討する。
3. 賃貸マンションなどの収益物件を生前に贈与することにより、そこから生まれる収益分が相続税の節税につながる。
4. 将来、価格が値上がりしそうな財産は生前に贈与する。

17 贈与税の非課税財産

贈与税の非課税財産は贈与税の特例②を除き主に8つある

贈与対策に認められるものと認められないもの

チェックポイント
① 贈与税の非課税財産とは？
② 相続があった年にされた贈与は？
③ 離婚に伴う財産分与は？

▶贈与税のかからない財産とは？

通常、贈与税は贈与により取得したすべての財産に対して課税されるものですが、贈与があっても財産の性質、あるいは国民感情などの理由から贈与税がかからないものがあります。

このような財産を「贈与税の非課税財産」と言いますが、「贈与税の非課税財産」には、次のようなものがあります。

①扶養義務者からの生活費等
②社交上必要と認められる香典等
③特定公益信託から受ける金品等
④公益事業者が取得した公益財産等
⑤公職選挙の選挙運動で受けた金品
⑥心身障害者共済制度に基づく給付金
⑦特定障害者が受ける信託受益権
⑧法人から贈与を受けた財産

[ここが間違いやすい!]

▶相続があった年にされた贈与には注意

　相続又は遺贈により財産を取得した者が、その相続があった年に被相続人からもらった財産については、贈与税ではなく相続税の課税価格に加算され相続税がかかりますので、注意しましょう。

　たとえば、被相続人が亡くなる直前に現金を贈与したとしましょう。そしてその贈与をした年と同じ年に相続が発生したとします。この場合、その亡くなる直前に贈与された現金については贈与税がかかるのではなく、その被相続人の相続財産として、相続税の申告をしなければならないことになります。したがって、相続があった年にされた贈与については非課税となり、贈与税の申告は必要ありません。

▶離婚に伴い財産分与した場合

　民法では、離婚をした者の一方は、相手方に対して財産の分与を請求することができる(財産分与請求権)ことになっています。

　そこで離婚の際に、財産分与、慰謝料、養育費などとして、相当と認められる金銭や居住用の家屋・土地などをもらった場合に、贈与税がかかるかどうかについてですが、この財産分与等については、夫婦間における財産関係の清算、または離婚後の生活を援助するためのものとされ、原則として非課税となり、贈与税はかかりません。

　具体例で説明してみましょう。

　私は、この度家庭の事情により20年つれそった夫と離婚することになりました。この際に、慰謝料等としての金銭とこれまで夫婦で居住していた夫名義の家と土地の財産の分与を受けました。この場合贈与税は

①慰謝料としての金銭等は非課税です。

②財産分与として受けた家と土地等は非課税です。

　ただし、離婚を手段として贈与税や相続税を不当にまぬがれようとする場合や分与財産が過多である場合などには贈与税がかかりますので注意が必要です。

　また、不動産をあげる側はあげたときの時価で譲渡したことになり、譲渡所得として所得税がかかる場合があります。

[この財産には贈与税はかからない!]

▶国民感情等による非課税

(1) 扶養義務者からの生活費等

　配偶者や両親、祖父母など扶養義務者相互間において、生活費や教育費などにあてるための資金等の贈与があった場合でも、通常必要と認められる範囲のものについては、贈与税はかかりません。

　ただし、生活費としてもらった資金等を貯金したり、不動産の購入にあてたりした場合には通常必要な生活費等とは認められず、贈与税がかかってしまうので注意が必要です。

(2) 社交上必要と認められる香典等

　個人から受ける祝金・香典・見舞金などといった社交上必要と認められるものの贈与については、社会通念上相当と認められる金額の範囲内において贈与税はかかりません。

▶社会政策上の問題等による非課税

(3) 特定公益信託から受ける金品等

　一定の特定公益信託から受ける学術の奨励、または学生などに対する学費の支給のための金品などについては、贈与税はかかりません。

(4) 公益事業者が取得した公益財産等

　社会福祉事業など公益を目的とする事業を行う者が、公益を目的とする事業のために使用することが確実なものについては、その贈与について贈与税はかかりません。

(5) 公職選挙の選挙運動で受けた金品

　衆・参議院議員など公職の候補者が選挙運動に関して贈与を受けた金品で、正規の報告がされたものについては、贈与税はかかりません。

(6) 心身障害者制度に基づく給付金

　地方公共団体が、条例の規定により精神または身体に障害のある人に関して支給する給付金を受ける権利には、贈与税はかかりません。

(7) 特定障害者が受ける信託受益権

　特定障害者が、特定障害者扶養信託契約に基づき受ける信託の受益権につき、一定

の申告書を提出した場合（特別障害者の場合価額が6,000万円までの部分、それ以外の場合価額が3,000万円までの部分）、贈与税がかかりません。

(8) **法人から贈与を受けた財産**

　贈与税は個人からの贈与に限ってかかるため、法人からの贈与によって取得した財産についてはかかりません（一時所得として所得税がかかります）。

解説17 贈与税の非課税財産

1 扶養義務者からの生活費・教育費等

留学 OK! 不動産 NO!

2 社交上必要と認められる祝金・香典等
お中元 お歳暮 / 祝金 / 香典

3 一定の特定公益信託から受ける金品
特定公益信託 / 奨学金

4 公益事業者が取得した公益事業用財産
公益用財産 / 公益事業者

5 公職選挙の候補者が受ける選挙運動に関して受けた金品
ガンバレ！ / 選挙運動！

6 心身障害者共済制度に基づく給付金の受給権
給付金

7 特定障害者が扶養信託契約に基づいて受ける信託受益権
信託受益権
①金銭
②有価証券
③賃貸不動産など
特定障害者扶養信託契約 / 信託銀行

8 法人から贈与を受けた財産
法人 → 給付金 →

節税のポイント

1. 生活費は一番財産を持っている人から使い、他の少ない人の財産の形成をしていくようにする。
2. 子どもの将来のためであれば、財産として残すよりも少しでも多く教育費として有効に使うようにする。
3. 110万円の非課税枠の利用についても同時にうまく利用する。

18 生前贈与
かしこい生前贈与の方法

名義預金、定期贈与、現金贈与の節税対策

① 名義預金とは?
② 生前贈与をするにあたっての注意点は?
③ トラブルにならない定期贈与とは?

▶110万円の基礎控除を利用しよう

　贈与税の基礎控除は、110万円です。毎年この基礎控除を利用して、長期的・計画的に贈与を行うことが贈与対策の成功のポイントです。

　110万円の基礎控除を利用してもっとも生前贈与をしやすい財産は、現金や預貯金でしょう。夫から妻、子どもや孫に対して、毎年110万円ずつ贈与をし続ければ、長い年月にはかなりの財産の移転が図られます。相続財産の減少につながりますし、利息や値上がり益なども受けることができます。さらには、将来の相続税の納税資金としても、有効に活用できるというメリットがあります。

　そこで、かしこい財産の移転について説明してみましょう。

[贈与するにあたってのポイント]

▶名義預金とみなされないために

　いくら現金や預貯金の贈与が生前贈与対策に効果的であるといっても、いくつかの問題はあります。

　まず、税務署の相続税の調査でかならずといっていいほど問題となるのが名義預金についてです。

　名義預金とは、形式的には被相続人の名義ではなく、その人の相続人である子ども

や孫名義にはなっていますが、その通帳の名義はただ子どもや孫の名義を借りているだけであって、実質的には被相続人のものであるとの事実認定を受ける場合をいいます。つまり、相続が発生した場合には、その名義預金が相続財産として課税されてしまうのです。

　税務調査で名義預金とみなされないためには、きちんと手順を踏んだ生前贈与を行うことが必要になります。

　そもそも贈与とは、民法上「贈与の当事者同士が贈与契約を交わすこと」であり、父が子ども名義で毎年預金をしていても、その預金の存在を子どもが知らない場合には、子どもの意思表示がないことから、贈与は成立していないとされてしまいます。

　そこで、生前贈与に失敗しないようにするために、「かしこい生前贈与」のポイントとなる事項を挙げてみます。

▶贈与のポイントは証拠残し

　先にも述べたとおり、贈与は贈与者、受贈者の双方で「あげる」「もらう」の認識がない場合には贈与契約そのものがないのではないか、とみなされてしまいます。

　そこで、本当に贈与があったという証拠を残すことです。本当に贈与があったということを第三者（税務署）が認めなければ、その贈与は否認される可能性があります。たとえば、現金贈与をした場合に、贈与をした現金の受入口座を贈与した人が管理などをしていて、印鑑まで所有している場合には、贈与があったものとはみなされないでしょう。

　そこで、贈与の証拠を残すためには次の手順で行いましょう。

［贈与の証拠を残す方法］

▶贈与契約書を作成する

　贈与する金額の多少にかかわらず、次の手順を踏んでおくことにより、贈与の証拠が残しておけますので、実行してください。これこそ生前贈与を否認されないための前提条件となります。

①まず自署捺印のある贈与契約書を作成し、さらに確実性を高めるためには公証役場
　で確定日付を取っておきましょう。
②贈与税を少し払って、贈与税の申告書を税務署に提出しておきましょう。この申告

をすることで税務署にも贈与の証拠が残ることになります。

たとえば、現金111万円を贈与し、1千円の贈与税を支払うなどをしておけば、税務署へ証拠が残ります。

③現金贈与の場合は、口座振込にして通帳に記録を残しましょう。

④贈与を受ける人は、自己名義の口座を本人の印鑑で作成しておきましょう。

⑤贈与された人（またはその親権者）が通帳、印鑑、証書などを保管します。印鑑はかならず贈与者のものとは別々にしておきましょう。

▶定期贈与に注意!!

毎年同じ金額を贈与する定期贈与では、贈与事実の認定の問題が発生することがあります。

たとえば、子どもに10年間にわたって毎年110万円ずつ贈与するとします。この場合、10年前に「1,100万円をあなたに贈与します。しかし今は1,100万円は手許にないので、10年間で分割して毎年110万円あげましょう」という契約があったものとみなされてしまう可能性があります。

贈与の意思決定は毎年それぞれの時点で行い、それを証明するために、贈与契約書を贈与時点でその都度作成する必要があります。

贈与契約書の見本

（例）父　甲野太郎　から　子　乙野花子　に現金110万円を贈与した場合における贈与契約書の見本（特定の書式はありません。また、住所・氏名は自署と捺印が必要です）

贈与契約書

　贈与者　甲野太郎（甲）と　受贈者　乙野花子（乙）との間で下記のとおり贈与契約を締結した。

第一条　甲は、その所有する　現金110万円　を乙に贈与することを約し、乙はこれを承諾した。

この契約を証するため、本契約書を作成し、甲、乙各一通保有する。

ポイント　自署しましょう！

　　　　　　　　　　　　　　　　　　　　　　　平成　　年　　月　　日

贈与者（甲）　　住所　東京都○○区○○町1-2-3
　　　　　　　　氏名　甲野　太郎　　㊞

受贈者（乙）　　住所　東京都○○市○○町3-2-1
　　　　　　　　氏名　乙野　花子　　㊞

節税のポイント

1. 贈与のポイントに十分気をつけた上で、110万円の基礎控除をうまく活用し生前贈与をする。
2. 贈与税の実効税率が相続税の税率以下となるように贈与することが節税効果を高める。
3. 相続人等に生前贈与をしても、相続開始前3年内の贈与財産は相続財産に取り込まれてしまうため、できるだけ早めに贈与する。

19 贈与税の特例①

妻には住宅、子には住宅取得資金!

配偶者への2,000万円贈与と住宅取得等資金贈与の特例

チェックポイント

① 配偶者へ居住用不動産を贈与した場合の特例とは?
② 住宅取得のための資金を贈与した場合の特例とは?
③ これらの控除を受けるために必要な要件とは?

▶納税者に有利な2つの特例

　贈与税は、原則として基礎控除を110万円として、これを超える部分について、財産額に応じて税率(超過累進税率)が課されることは、すでに説明しました。

　この特例として、納税者が有利となる制度が主なもので2つあります。

　1つ目は、配偶者の老後の生活保障などという趣旨から設けられている、20年以上連れ添った配偶者へ居住用不動産を贈与した場合の特例制度である「贈与税の配偶者控除の特例制度」です。

　そして2つ目は、住宅取得の促進などの趣旨から設けられている、両親や祖父母から住宅取得のための資金の贈与を受けた場合の「住宅取得等資金の贈与の特例制度」です。

[贈与税配偶者控除の特例]

▶マイホームを贈与する場合

　マイホームなどの居住用不動産を、夫婦間において贈与した場合、後述の要件に該当すれば2,110万円まで贈与税がかからずに財産を移転することができます。

　要件をクリアすれば、贈与税の計算において、贈与税の課税価格から配偶者控除として2,000万円、さらに基礎控除の110万円も同時に受けることができるため、実質

的に合計2,110万円までの課税価格に対して、無税で配偶者に贈与することができるのです。

結婚20年目のプレゼントに、マイホームの贈与ができるのは、以下の条件を満たしている場合です。

①法律上の婚姻期間が20年以上であること。
②国内の「居住用不動産」または「居住用不動産を購入するための金銭」の贈与であること。
③贈与を受けた年の翌年3月15日までに、その居住用不動産に居住し、その後も引き続き居住の用に供する見込みであること。
④過去に、同じ配偶者からこの特例を受けていないこと。つまり、同じ配偶者からは一生に1回のみです。
⑤贈与税の申告書に必要事項を記入し、一定の書類を添付して税務署へ提出すること（贈与税がかからない場合でも、必ず申告はしなければなりません）。

▶居住用不動産か取得資金か？

土地や建物など居住用不動産そのもので贈与するのと、その取得のための資金を贈与するのとでどちらが得になるのでしょうか。

居住用不動産そのもので贈与すれば、時価相当額の80％である相続税評価額で課税されるため、現金で贈与すれば2,110万円であったものが、不動産そのもので贈与すれば、2,600万円程度の財産を贈与することが可能となります。

さらに、相続開始前3年以内の贈与財産は、相続財産に取り込まれますが、この特例の適用を受けた部分（2,000万円以内）の贈与財産は相続財産に取り込まれません。

［住宅取得等資金の贈与の特例］

▶特例の適用を受けると

住宅の取得のために両親、祖父母から資金の贈与を受けた場合、後述の要件を満たせば、住宅の取得に係る契約の締結期間に応じた一定額が非課税となる制度で、平成29年9月までの契約で適用消費税率が10％以外の耐震等住宅の場合、1,200万円までは非課税となります。ただし、平成31年6月30日までの経過措置です（平成28年8月31日時点の現行法による）。

▶住宅取得資金贈与の要件

(1)「贈与をする人」の要件

　父母または祖父母であること（養子に対する贈与は適用、義理の父母・祖父母は適用外）。

(2)「贈与を受ける人」の要件

①贈与を受けた時点で日本に住所があること。

②贈与を受けた年の所得金額が2,000万円以下であること。サラリーマンの場合は給与収入が2,230万円（平成29年分は2,220万円）以下であること。

③贈与を受けた年の1月1日において20歳以上であること。

(3)対象となる住宅用建物とは？

①住宅用建物の新築。

②新築・中古住宅の取得。住宅用家屋とともに敷地を取得する場合には、その敷地も含まれます。

③新築・取得する家屋が床面積50㎡以上240㎡以下で、床面積の2分の1以上が居住用であること。

④中古住宅の場合は、築20年以内（耐火建築物は25年以内）であること。

⑤工事費用が100万円以上、かつ増改築後の床面積が50㎡以上240㎡以下の一定の増改築等。なお、居住用部分の工事費が全体の工事費の2分の1以上でなければなりません。

⑥増改築等後の床面積の2分の1以上が居住用であること。

⑦増改築等に係る工事が、一定の工事に該当することについて、書類により証明されたものであること。

⑧贈与を受ける人の居住の用に供する日本国内にある家屋であること。

(4)申告が必要

　税務署への申告が要件となります。

贈与税の特例と税額

❶「贈与税の配偶者控除の特例」の計算例

夫から妻へ25,000千円の居住用不動産を贈与した場合
(25,000千円－20,000千円－1,100千円)×20%－250千円
納付贈与税額＝530千円

●「配偶者控除の特例」 税額速算表
(単位：千円)

贈与額	20,000	25,000	30,000	35,000	40,000	50,000
税額	0	530	2,310	4,505	6,950	11,950

❷「住宅取得等資金贈与の特例」の計算例

父から子どもへ20,000千円の住宅取得等資金を贈与した場合
(平成29年9月30日までの契約締結で消費税8％適用の耐震等住宅の場合)

(20,000千円－12,000千円－1,100千円)×30%－900千円
納付贈与税額＝1,170千円

●「住宅取得等資金贈与の特例」 税額速算表
(非課税限度額12,000千円の場合)
(単位：千円)

贈与額	2,000	4,000	6,000	8,000	10,000	12,000	14,000	16,000	18,000	20,000
税額	0	0	0	0	0	0	90	335	680	1,170

「住宅取得等資金贈与の特例」 非課税限度額(平成28年8月31日現在の現行法による)

●(1)適用消費税率10％以外の場合
(単位：千円)

住宅の取得等に係る契約の締結期間	耐震等住宅	左記以外の住宅
平成28年1月～平成29年9月	12,000千円	7,000千円
平成29年10月～平成30年9月	10,000千円	5,000千円
平成30年10月～平成31年6月	8,000千円	3,000千円

●(2)適用消費税率10％の場合
(単位：千円)

住宅の取得等に係る契約の締結期間	耐震等住宅	左記以外の住宅
平成28年10月～平成29年9月	30,000千円	25,000千円
平成29年10月～平成30年9月	15,000千円	10,000千円
平成30年10月～平成31年6月	12,000千円	7,000千円

節税のポイント

1. 贈与税の配偶者控除および住宅取得等資金贈与の特例は相続開始前3年以内の贈与加算の対象外となるので、十分意味がある。
2. 贈与税の配偶者控除の特例で、店舗兼住宅を持分贈与した場合には、まず、住宅部分から贈与したものとして、この特例の適用ができる。
3. 住宅取得のための現金を贈与するよりも、不動産そのものを贈与すれば、時価相当額の80％の評価で課税されるので有利である。

20 贈与税の特例②
使途を限定してかしこく贈与

「教育資金」又は「結婚・子育て資金」の一括贈与

① 2つの一括贈与制度と暦年贈与制度の関係とは?
② 教育資金の一括贈与制度とは?
③ 結婚・子育て資金の一括贈与制度とは?

▶2つの一括贈与制度と暦年贈与制度の関係

　Part2の18で暦年贈与制度の基礎控除枠110万円を活用した相続財産の減少の方法について説明をしました。しかし、税金の負担をできるだけ避け子孫に財産を残すだけで本当によいのでしょうか？　時に財産は恐ろしいもので、若くして苦労せずに多額の財産を手にした受贈者や相続人が、人生を踏み外してしまうケースを見聞きすることは少なくありません。贈与者は子や孫に良かれと思って財産の早期移転を図ったのですから、こうなっては本末転倒です。

　そこでここでは、使途を「教育資金」や「結婚・子育て資金」に指定することにより、子や孫にまとまった金銭等を非課税で贈与することができる2つの制度をご紹介します。

［教育資金の一括贈与制度とは?］
▶制度の概要と手続き

　教育資金の一括贈与制度は、高齢者層の保有する金融資産の若年世代への移転を図り、教育費の確保に腐心する子育て世代を支援すべく、平成25年度税制改正により導入されました。教育資金の贈与について、1,500万円（うち、学校等以外に支払う金銭は500万円）まで非課税とする制度ですが、適用を受けるには以下のような条件

があります。
① 平成25年4月1日から平成31年3月31日までの間に、両親又は祖父母などの直系尊属から教育資金に充てるために受贈した金銭等を、銀行等に預け入れ等すること。
② 受贈者が30歳未満であり、金融機関等を経由して教育資金非課税申告書を提出すること。

▶制度活用のメリット

ではこの制度はどのような状況の方にメリットがあるのでしょうか。制度の特徴とともに、ご紹介します。
① 贈与資金の使途を「教育資金」に指定できる
　この制度の最大の特徴に使途を「教育資金」に指定することがあります。専用口座から払い出された資金を教育資金以外に使用することを制限することはできませんが、その場合には贈与税の負担が発生するため、指定した目的に沿った使用を期待することができます。
② 相続税の課税対象財産から完全に切り離すことができる
　教育資金として金銭等を贈与するわけですから、贈与した金銭等の相当分は贈与者の財産から無くなりますので、相続税の課税対象財産は減少することになります。これは、贈与者が贈与後3年以内に亡くなった場合についても同様であり、暦年贈与と大きく異なる点です（3年以内贈与の相続財産への加算については、Part2の16を参照してください）。

▶制度活用上の留意点

このようにメリットのある制度ですが、良い点ばかりではありません。たとえば下記の場合には、受贈者が死亡した場合を除き、贈与税が課せられることになりますのでご留意ください。
① 受贈者が30歳になるまでに、受贈した教育資金を使いきれなかった場合
② 専用口座から引き出した資金を教育資金以外に使用した場合
③ 専用口座から引き出した資金を教育資金に使用したが、一定の提出期限までに領収書等を金融機関等に提出しなかった場合
　またこの制度を活用して贈与できるのは金銭又は一定の有価証券に限定されています。そのため、贈与者の財産に占める金銭等の割合や、贈与するお子様やお孫様など

の人数等によっては、贈与者ご本人の生活資金や相続税の納税資金に不足が生じることが想定されますので、併せて注意が必要です。

［結婚・子育て資金の一括贈与制度とは？］

▶制度の概要と手続き

　結婚・子育て資金の一括贈与制度は、高齢者層の保有する金融資産の若年世代への移転を図ることにより、若年層の結婚・出産に対する将来の経済的不安の解消を図るべく、平成27年度税制改正により導入されました。結婚・子育て資金の贈与について、1,000万円（うち、結婚に関して支払う金銭は300万円）まで非課税とする制度ですが、適用を受けるには以下のような条件があります。

①平成27年4月1日から平成31年3月31日までの間に、両親又は祖父母などの直系尊属から結婚・子育て資金に充てるために受贈した金銭等を、銀行等に預け入れ等すること。

②受贈者が20歳以上50歳未満であり、金融機関等を経由して結婚・子育て資金非課税申告書を提出すること。

▶制度活用のメリット

　ではこの制度はどのような状況の方にメリットがあるのでしょうか。制度の特徴とともに、ご紹介します。

①贈与資金の使途を「結婚・子育て資金」に指定できる

　この制度の最大の特徴に使途を「結婚・子育て資金」に指定することがあります。専用口座から払い出された資金を結婚・子育て資金以外に使用することを制限することはできませんが、その場合には贈与税の負担が発生するため、指定した目的に沿った使用を期待することができます。

②贈与者死亡により、専用口座残高等に対して相続税が課せられる場合の相続税の軽減

　教育資金の一括贈与の場合と異なり、結婚・子育て資金の一括贈与の場合には、贈与者が死亡した時点の専用口座の残高等に対し、相続税が課せられることになります。この場合において、たとえば贈与者の一親等の親族及び配偶者以外の者である孫が財産を相続して相続税を支払う場合には、原則として通常の2割増しの相続税を支払う

ことになっていますが、結婚・子育て資金の専用口座残高等に対する相続税については、この２割増しの適用はないことになっています。

▶制度活用上の留意点

　このようにメリットのある制度ですが、良い点ばかりではありません。たとえば下記の場合には、受贈者が死亡した場合を除き、贈与税又は相続税が課せられることになりますのでご留意ください。
①受贈者が50歳になるまでに、受贈した結婚・子育て資金を使いきれなかった場合
②受贈者が50歳になるまでに贈与者が死亡した場合で、専用口座に残高が残っている場合
③専用口座から引き出した資金を結婚・子育て資金以外に使用した場合
④専用口座から引き出した資金を結婚・子育て資金に使用したが、一定の提出期限までに領収書等を金融機関等に提出しなかった場合

　またこの制度を活用して贈与できるものも金銭又は一定の有価証券に限定されています。そのため、教育資金の一括贈与制度と同様に、贈与者の財産に占める金銭等の割合や、贈与するお子様やお孫様などの人数等によっては、贈与者ご本人の生活資金や相続税の納税資金に不足が生じることが想定されますので、併せて注意が必要です。

2つの特例制度の比較（概要）

	教育資金の一括贈与制度
贈与期間	平成25年4月1日から平成31年3月31日まで
非課税限度額	1,500万円 （うち、学校等以外に支払う金銭は500万円）
金融機関等で行う手続き	1. 教育資金管理契約を締結 2. 非課税申告書の
贈与者の要件	受贈者の直系尊属
受贈者の年齢要件	30歳未満
資金管理契約中の手続き	受贈者が、払い出し金銭に係る領収書等を
資金管理契約終了事由	1. 受贈者が30歳に達した場合 2. 受贈者が 3. 金銭・信託財産等の残高がゼロとなった場合において、
資金管理契約終了時の残額の取扱い	贈与税の課税対象
資金管理契約期間中に贈与者が死亡した場合	影響なし

(参考：国税庁ホームページ)

結婚・子育て資金の一括贈与制度

	平成27年4月1日から平成31年3月31日まで
	1,000万円 (うち、結婚に関して支払う金銭は300万円)
	1. 結婚・子育て資金管理契約を締結
提出	
(父母・祖父母等)であること	
	20歳以上50歳未満
期限内に金融機関等に提出	
	1. 受贈者が50歳に達した場合
死亡した場合	
契約終了の合意があった場合	
(受贈者死亡の場合を除く)	
	資金残額は相続税の課税対象 (相続税額の2割加算は不適用。また一定の場合には 相続開始前3年以内に贈与があった場合の贈与加算も不適用)

節税のポイント

1. 2つの一括贈与制度を上手に活用し、節税と贈与した資金の有効活用の両立を図る。
2. 財産移転による節税に夢中になり、老後資金の枯渇を招かないよう注意が必要。

21 暦年課税制度
効果的な生前贈与のために

地道に計画的に相続財産を減らそう

チェックポイント
① 暦年課税制度とは？
② 誰に、どのように贈与するのか？
③ 不動産の贈与の仕方は？

▶暦年課税制度とは？

　生前贈与は、相続財産を減らすための「相続税対策の1つ」です。その方法として、暦年課税制度による贈与を上手に活用する必要があります。では、贈与税のおさらいをしましょう。

　暦年課税制度の要点は以下のとおりです。
①計算期間は1月1日から12月31日
②贈与を受けた人1人あたりに年間110万円の基礎控除額がある
③累進課税なので、高額の財産を贈与するほど贈与税は高額になる
④工夫次第で贈与税の負担が軽くなる
⑤贈る側、贈られる側の年齢制限はない

［暦年課税制度の上手な使い方　基本編］
▶年間110万円の基礎控除額を利用

　基礎控除額の110万円を利用して子や孫への生前贈与を行うのは、効果的な相続税対策です。相続財産を減少させ、しかも贈与財産の価額が、年間110万円以下であれば、贈与税額はゼロだからです。

　ただし、贈与契約書などの贈与の証拠を残しておかないと、将来相続が開始したと

きに、せっかく贈与をした財産を相続財産にとりこまなければならないおそれもあります。より確実に証拠を残す方法として、年間110万円を超える金額の贈与をして、贈与税の申告・納付をするほうが良いと思われます。

具体例で説明してみましょう。

「現金110万円ではなく111万円贈与したら、贈与税はいくらかかるのですか？」

贈与税は1,000円です。たった1,000円で税務署にも贈与の証拠が残るのなら、申告・納付したほうが賢明です。

▶短期間に高額の贈与をすると…

贈与税は累進税率を適用していますので、1年のうちに高額の財産を贈与すると、贈与税の負担が非常に大きくなってしまいます。短期間に相続財産を減少させることによって相続税額を減らすことはできますが、贈与税額が多くなってしまっては、せっかくの生前贈与も効果が薄くなってしまいます。

暦年贈与を利用した生前贈与は、低い税率を利用して、少額の財産を長期的に繰り返し贈与することが重要です。つまり、相続開始までの期間を考えた上で効率よく計画的に贈与を行っていくことが大切なのです。具体例で説明してみましょう。

相続税、贈与税は、取得した財産の価額が大きければ大きいほど高い税率が適用されます。これを累進税率と言います。

「200万円の贈与を受けた場合にかかる贈与税額は9万円（税負担率4.5％）だそうです。では、1,000万円の贈与を受けた場合の贈与税額は5倍の45万円ですか？」

いいえ、なんと177万円（特例贈与の場合。税負担率17.7％）になるのです。

［暦年課税制度の上手な使い方　応用編］

▶孫に贈与する

親から子どもに財産を贈与すると、その贈与した財産は、後に相続によって子どもから孫へ引き継がれることになります。

そこで、その財産を子どもではなく孫へ贈与すると、その贈与した財産については、子どもから孫への相続を経ることがないため、結果的に相続税を軽減することができます。

したがって、贈与する相手は、配偶者よりも子ども、子どもよりも孫のほうが効果

的といえます。

　また、相続が開始した場合に、相続人が、相続開始前3年以内に被相続人から贈与を受けた財産は、相続財産に加算されて相続税の課税の対象となります（生前贈与加算）。

　ただし、相続人ではない孫が相続開始前3年以内に被相続人から贈与を受けた財産があっても、生前贈与加算の対象にはなりませんので、相続税は課税されません（相続または遺贈により財産を取得した孫を除きます）。

▶大勢の人に贈与する

　贈与税の計算では、1人の人が1年間に受けたすべての贈与財産の価額から、110万円（基礎控除額）を控除することができます。

　したがって、受贈者（贈与の相手）を複数にすると、その人数分だけ基礎控除額を活用することができます。

　また、1人あたりに贈与される価額も低くなるので、累進税率の緩和も図れます。

▶不動産の贈与は共有持分の贈与で

　高額の不動産については、一時に贈与をすると累進税率により贈与税の負担が非常に大きくなります。そこで何年かにわたって共有持分の贈与という形で生前贈与を行うと効果的です。

　不動産の評価額を贈与する年数で割って、その年分の贈与税額の合計額を計算してみましょう。

暦年課税制度

❶ 大勢の人に贈与する

(1) 1人に贈与

現金450万円贈与

↓

450万円－110万円＝340万円
340万円に対する
贈与税 41万円※

(2) 3人に贈与

3人に現金150万円ずつ贈与

↓

150万円－110万円＝40万円
40万円に対する贈与税　4万円
3人の贈与税の合計額　12万円

※特例贈与の場合

❷ 不動産の共有持分の場合

(1) 年に300万円ずつ12年間かけて贈与すると、1年あたりの贈与税額19万円。12年分の贈与税の合計額は228万円になります。
(2) 年に900万円ずつ4年で贈与すると、1年あたりの贈与税額は147万円、4年分の合計額は588万円になります。

年間贈与額	300万円（上記1）	600万円	900万円（上記2）
贈与年数	12年	6年	4年
贈与税額	19万円×12年 ＝228万円	68万円×6年 ＝408万円	147万円×4年 ＝588万円

※贈与税額は特例贈与の場合

節税のポイント
1. 長期的計画的に生前贈与する。
2. 配偶者より子どもに、子どもより孫に贈与する。
3. 大勢の人に贈与する。

22 相続時精算課税制度
原則2,500万円まで非課税

贈与の目的を考えて有効に活用しよう

① 何のために贈与するのか?
② 一度選択すれば、暦年課税制度への変更は不可?
③ 相続税がかからない人は、積極的に利用したほうがいい?

▶相続時精算課税制度とは?

相続時精算課税制度の要点は、以下のとおりです。

①贈与年の1月1日において満60歳以上の親から、満20歳以上の子又は孫への贈与が適用になります。

②非課税枠は2,500万円です。何年かに分けて贈与しても限度額までは非課税です。2,500万円を超える部分は一律20%課税されます。

③相続が開始したら、この制度を利用して贈与した財産と、相続財産とを合算した相続税額から、すでに支払った贈与税相当額を控除します。

④住宅取得資金等の贈与に関する特例を利用すると、親の年齢制限はありません。契約の締結日等により異なりますが、非課税限度額は相続時精算課税制度の非課税枠を含め最大5,500万円です。

⑤一度この制度を選択すると、暦年課税制度には変更できません。

[この制度の利用上の留意点]

▶本当に贈与したいのか?

この制度のメリットは、2,500万円(住宅取得資金なら5,500万円)という大きな非課税枠です。これによって、今まで高い贈与税に阻まれてできなかった高額贈与が容

易にできるようになります。

　しかし、いくら相続対策だからといっても明確な意思をもたずに生前贈与をするのはよいことだとは思えません。「一生懸命面倒をみてくれている子どもたちへのお礼に」「事業基盤を揺るがさないよう円滑な事業承継をしたい」などという想いをまずは明確にしたいものです。

▶相続税がかからない人の場合

　相続時精算課税制度は、将来相続税のかからない人、または相続税がかかってもわずかな人にとっては、積極的に利用してもよい制度です。

　たとえば、相続税がまったくかからない人の場合は、2,500万円までは贈与時も相続時も税金がかからないのです。

　もし相続税がかかってもわずかな人の場合は、2,500万円を超える贈与をして贈与税を支払った場合には、相続の時点でおつりがくることになります。

　ただし、この制度を利用した贈与が、ほかの推定相続人の遺留分を侵害する可能性がある場合には、贈与前にほかの推定相続人への配慮についても検討しておきましょう。

　ちなみに、「相続税がかからない人」とは、相続時の財産額が基礎控除（3,000万円＋600万円×法定相続人の数）以下の人をいいます。

▶相続税がかかる人の場合

　では、相続税がかかる人にとってはどうでしょうか。

　生前贈与で財産を移転したとしても、相続時に再び合算されて相続税が課税されるため、原則的にトータルでの税負担は同じになります。つまり、相続税を軽減する効果があるとはいえないのです。

　ただし、別の観点から実質的なメリットがあると考えられますので、次の項目でご説明しましょう。

［この制度の具体的活用方法］

▶収益物件を活用する

　マンション、アパート、貸店舗等の建物である収益物件を、わずかな贈与税で生前

に移転することができます。贈与後の家賃収入は子どもが受け取ることになりますので、親の相続財産が増えるのを抑えることができるとともに、子どもは家賃収入を元手に相続税の納税資金を確保することができます。

賃貸物件に借入金残高が残っていて借入金付きで贈与をする場合には、注意が必要です。負担付贈与の場合には建物を、相続税評価額ではなく時価で評価しなければならないからです。

▶事業承継対策に活用する

具体例で考えてみましょう。

「父が自分の経営する同族会社の株式を100％保有。長男、次男、三男がその会社の経営に参画しているが仲が悪い。父は長男に事業を承継させたいと考えている」

このような場合、もし父親の持株が相続により分散されてしまうと、会社の意思決定がスムーズに行われず経営基盤が不安定になるおそれがあります。そこで、この制度を利用して次男、三男に対しては、自社株以外の有価証券や現金・預金、土地などを贈与し、長男には自社株を贈与すれば長男の経営権の安定化を図ることができます。

▶将来価値の上がるものを贈与する

この制度を利用して生前贈与すれば、相続財産に加算される評価額は贈与時の評価額で固定されるため、将来、価値が上がると見込まれる財産を贈与する場合に効果的です。

具体的には、以下のものです。
①多額の退職金等の支給があり自社株の評価額が下落した場合の自社株式
②株式公開直前の株式
③市街化区域に編入される予定のある調整区域内の土地や収用予定地

効果的な生前贈与

1 収益物件を贈与する

(事例) 総財産額：8億円　相続人：子ども4人
　　　　無借金アパート（評価額5,000万円）を子どもに贈与

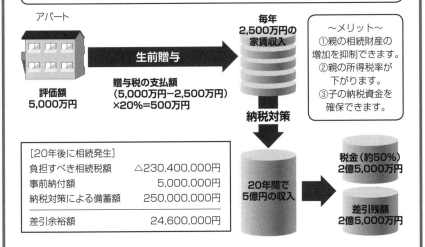

2 将来価値が上がるものを贈与する

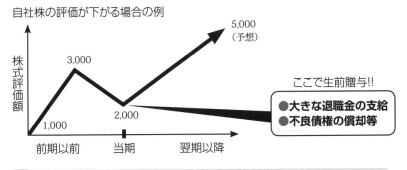

節税のポイント
1. 収益物件や将来価値の上がる財産を贈与する。
2. 効果的な生前贈与で円滑な事業承継を図る。
3. 遺留分に注意する。

23 贈与税の時効

贈与税の時効は最長7年

時効を成立させて贈与税を逃れられるか？

チェック
ポイント

① 「税金の時効」とはどういう意味？
② 「贈与を受けた」と言えるのはどういう場合か？
③ 贈与の時期はいつか？

▶「税金の時効」とはどういう意味？

税金にも時効があります。

正式には「更正、決定等の期間制限」といい、国税通則法という法律で定められています。

更正、決定とは、納税者が申告した税額等が過少であった場合や、納税者が申告しなかった場合に、税務署がその内容を訂正、または決定することをいいます。

つまり「更正、決定等の期間制限」とは、「この期間を過ぎたら税務署は、納税者が納付すべき税額について訂正したり決定したりすることはできません」という制限なのです。

税金の時効というと、あたかも納税義務が免除されるようなイメージがあるかもしれませんが、それは誤解です。

［贈与の時期は何で決まるのか？］

▶贈与税の時効はいつか？

贈与税の「更正、決定等の期間制限」は、通常の場合は申告期限から6年、悪質な脱税等がある場合には7年です。

では、時効の起算点である贈与の時期は何で決まるのでしょうか。

契約書があるものについては、契約書の効力が発生したときが贈与の時期です。

契約書がないものについては、贈与を履行したときです。たとえば、現預金を贈与したのであれば、贈与の相手方の口座に入金があった日となります。

ただし、不動産等の贈与については、例外的に、贈与の時期が明確でない場合には、不動産等の登記をしたときを贈与の時期とすることもあります。

▶贈与の時期

具体例で説明しましょう。

「Aさんは、公正証書による贈与契約書を作成し、父親から不動産の贈与を受けましたが、贈与税の申告をしませんでした。贈与税の時効が最長7年なので、申告期限から7年間、税務署に贈与の事実が見つからなければ、贈与税を納税せずに済むと思ったのです。

不動産の所有権移転登記をすると、贈与の事実が税務署にわかってしまうので、登記はしませんでした。そして、7年が経過した後、Aさんは「これで安心」と不動産の登記をしました。原則どおりなら、公正証書による贈与契約書があるのですから、贈与契約書の契約日＝贈与の時期となり、申告期限から7年が経過した時点で贈与税の時効となり、贈与税を支払わずに済むはずでした。

さて、Aさんの計画は成功したのでしょうか」

いえ、税務署はそんなに甘くはありません。公正証書による贈与契約書は租税回避を目的とした形式的なものにすぎず、贈与の時期は所有権移転登記がされたときと考えられるのです。したがって、贈与税は時効にならず、税務署はAさんに対して贈与税の決定を行う課税処分ができるということになります。

[「贈与の事実」とは何か？]

▶民法上の贈与

民法上の贈与は、贈与者による贈与の意思表示と受贈者による受贈の意思表示の合致をもって成立する契約行為（「諾成契約」といいます）であり、贈与者による一方的な贈与の意思表示のみでは民法上の贈与は成立しません。

▶名義預金の問題点

　相続税の税務調査でもっとも問題となりやすいのが「名義預金（86ページ参照）」です。

　確かに被相続人から贈与を受けたという事実があれば、たとえその預金が被相続人の収入から積み立てられたものであったとしても、被相続人の財産ではありません。仮に贈与税を納税していなかったとしても、単に贈与税の申告をしなかったというだけで、最長7年が経過すれば贈与税は時効になるはずです。

　しかし、贈与を受けた孫がいくら「この預金は、おじいさんが亡くなる20年前に贈与を受けたものだ」と言い張っても、その預金通帳をおじいさんが作成していたり、おじいさんが自分の印鑑を使用していたり、またおじいさんが通帳を管理・保管していて、贈与を受けたはずの孫がまったくその預金を使っていなかったとすれば、税務署は本当に贈与が行われたのかどうかは疑問に思うでしょう。

▶計画的な生前贈与をしよう

　真の所有者がおじいさんから孫に移転しているというためには、贈与を受けた孫の印鑑で、孫が通帳を作成し、孫がその印鑑と通帳を保管する必要があるでしょう。なおかつ、孫はその預金を積極的に活用している事実がなければ証明は難しいでしょう。以上のように、税務署に対して、「これは贈与税の時効です」と主張するためには、相当の証拠が必要といえます。

　そんな努力をするよりは、「暦年課税制度」（100ページ参照）に説明してあるように、しっかり計画的に生前贈与をして、贈与税を納税しておくのがベターだと思われます。

解説23 贈与税の時効と贈与の時期

1 贈与の時効＝「贈与税の更正、決定等の期間制限」の特則

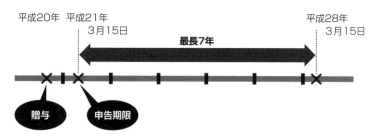

更正……納税者が申告した課税標準額や税額が過少であった場合に、税務署がその訂正をする処分。

決定……納税者が申告をしなかった場合に、税務署がその課税標準額や税額を決定する処分。

> その贈与にかかる申告期限から最長で7年が経過すると、税務署はその贈与について更正、決定の課税処分ができない。

2 贈与の時期とは？

[原則] 契約書がある場合は、契約書に記載された「契約書の効力発生日」。契約書がない場合は、贈与の履行があったとき。

[例外] 不動産等について、贈与の時期が明確でない場合には「登記があったとき」を真の贈与があったときとする事例がある。

節税のポイント
1. 贈与税の時効は、贈与税の申告期限から最長7年。
2. 名義や形式だけで、贈与が行われたことにはならない。
3. 租税回避を図るよりも、計画的な贈与計画で正しい納税を！

24 みなし贈与① 生命保険料の肩代わり
生命保険契約にかかる税金

契約上の受取人がみなし贈与となる場合

① 保険料負担者は誰か？
② 贈与にならないための契約の仕方とは？
③ 贈与税以外の税金もかかるのか？

▶「みなし贈与とは」

　原則として、贈与税は、贈与を受けた人に課税されますが、実際には、贈与を受けていなくても、贈与として取り扱われて、贈与税が課税される場合があります。これを「みなし贈与」と言います。

　みなし贈与は、形の上では贈与にはならないのですが、実質的には贈与と同じような経済的利益を得ているので、贈与税が課税されます。

　経済的利益を得て、みなし贈与の課税が行われるもののうち、契約上の受取人がみなし贈与を受ける場合には、生命保険金、定期金、信託受益権の3つがあります。

　ここでは、皆様に身近で、特に関心が深い、生命保険金について説明します。

[生命保険金のみなし贈与]

▶誰が保険料負担者か？

　保険契約者が保険料を実際に支払っている場合には、その保険料を実際に支払っている保険契約者が、生命保険料の負担者となります。

　ただし、保険契約者が子ども等に現金を贈与し、その子ども等がその現金を、保険料の支払いにあてていることが証明できるときは、その子ども等が生命保険料の負担者となります。

▶契約内容と生命保険金

　生命保険金のみなし贈与とは、その生命保険契約の満期または被保険者の死亡（保険事故発生）により保険金を取得した場合に、その保険契約の保険料を、保険金受取人や被保険者以外の人が負担している場合における、その負担している部分について贈与税が課税される制度です。

　具体的には、満期または被保険者の死亡時までに払い込まれた保険料の総額のうち、被保険者及び保険金受取人以外の人が負担した保険料の額に対応する部分の保険金に相当する金額を、その保険料を負担した人から贈与により取得したものとみなされます。

　ここでいう保険金受取人とは、保険契約によって決定された契約上の受取人です。

　保険契約上の保険金受取人以外の人が、実際に保険金を取得している場合には、保険金受取人の変更の手続きがなされなかったやむを得ない事情があると認められる場合に限り、契約上の受取人でない人を、保険金受取人として取り扱うこととされています。

▶贈与税以外の税金がかかる場合

　保険料を負担した人が、その保険事故で死亡した被保険者であるときは、その保険金はみなし相続財産として、相続税が課税されます。

　また保険料を負担した人が保険金受取人本人である場合には、その保険金は一時所得として所得税が課税されます。

［生命保険のみなし財産］

▶相続が発生した場合

　ここでは、相続が発生した生命保険契約について、贈与税・相続税・所得税が係るケースを紹介します。

　保険事故を父の死亡、法定相続人を母と子、保険契約者及び被保険者を父、保険料負担者を父・母・子とし、それぞれ250万円・150万円・100万円を負担し、保険金受取人を子として、受け取った保険金の総額を5,000万円とした場合を具体例に説明します。

▶贈与税

　保険料総額のうち、母が負担した保険料部分について、母から子へ贈与があったものとみなして贈与税の課税対象となります。

　贈与された金額は、5,000万円×150万円／500万円の1,500万円です。1,500万円から贈与税の基礎控除である110万円を引いた1,390万円が贈与税の対象になります。1,390万円にかかる贈与税は366万円です（特例税率ができる場合とします）。

　ここで110万円を引いた残りが０の場合、贈与税はかからないことになります。

▶相続税

　保険料総額のうち、父が負担した保険料部分について、父から子へ相続があったものとみなして相続税の課税対象となります。

　相続税が課税される金額としては、5,000万円×250万円／500万円の2,500万円です。2,500万円から生命保険金の非課税（500万円×法定相続人の数、この場合は500万円×２人で1,000万円）を引いた1,500万円が相続税の対象になります。

▶所得税

　所得税が発生するのは、保険料総額のうち、子自らが負担した保険料に相当する部分です。

　所得税が課税される金額としては、5,000万円×100万円／500万円の1,000万円です。この場合は所得税のうち一時所得に該当するものであり、一時所得の課税対象金額は（1,000万円－子が負担した保険料 100万円－50万円）×１／２の425万円が所得与税の対象になります。425万円にかかる所得税は約42万円になります。

解説24

生命保険金のみなし贈与

保険事故	父の相続
保険契約者	父
被保険者	父
保険金受取人	子

保険金額	5,000万円	
保険料負担者	父、母、子	
払込保険料	父	250万円
	母	150万円
	子	100万円

1 贈与税の課税価額

母が負担した保険料については、子に贈与税がかかる。

$$5,000万円 \times \frac{150万円}{500万円} = 1,500万円$$

1,500万円にかかる贈与税は366万円(特例税率が適用できる場合とする)。

2 相続税の課税価額

父が負担した保険料については、子に相続税がかかる。

$$5,000万円 \times \frac{250万円}{500万円} = 2,500万円$$

※ただし、500万円×法定相続人の数の金額は非課税とされる

3 所得税の課税価額

子自ら負担した保険料については、所得税がかかる。

$$5,000万円 \times \frac{100万円}{500万円} = 1,000万円$$

1,000万円にかかる所得税は約42万円(他の所得がない場合とし、所得控除は考慮しないものとする)(住民税は考慮していない)。

節税のポイント

1. 保険料の負担はお金の出所が肝心なので、預金通帳などに記帳しておく。
2. 保険料負担者によって税金が異なるので、契約の際は注意する。
3. 資産内容によっては相続税よりも所得税としたほうが有利となる場合もある。

25 みなし贈与② 低額取引
親族間での低額譲り受け

親族間で対価性のある財産譲渡が行われた場合

チェック
ポイント

① 親族間の売買ではどこに注意するのか？
② 適正な売買価額の算定はどうやるのか？
③ 地代の授受は身内で行っているか？

▶低額譲り受けとは？

　父とその子どもの間で通常より著しく低い価額で財産の譲り受けがあるのは珍しいことではありません。しかし、注意してほしいのは、その財産の時価とその低い価額との差額については、贈与があったものとして取り扱われることです。

　低額譲り受けであっても、譲り受けた人が資力を喪失して債務の弁済が困難であるため、その人の扶養義務者から低額で譲り受けて、債務の弁済に充てた場合には、債務の弁済が困難な金額が非課税とされます。

　資力を喪失して債務の弁済が困難であるとは、財産を譲り受けた人の債務の金額が、その人の財産の価額を超える場合など、債務の支払いが不能と認められる場合をいいます。

［相続税評価額よりも低い価額で財産を譲った場合］
▶財産の評価方法

　贈与税の課税価格は、原則として、相続税の財産評価基本通達などに定める相続税評価額によることとされています。

　しかし、低額譲り受けのように対価性のある贈与において、上場株式、土地及び家屋などは、通常の取引価額によって、譲り受ける財産の評価を行うべきこととされて

います。

後で説明する負担付贈与における課税価格においても、同様の考え方です。

▶譲った人の税金の取り扱い

低い価額で財産を譲り受けた人には贈与税が課税されます。

一方、著しく低い価額で財産を譲った人は、実際の対価の額をもって財産を譲ったものとして取り扱われます。その際、実際の対価の額と取得価額との差額で利益がでた場合には、譲渡所得として所得税が課税されます。

▶みなし贈与の計算①

みなし贈与とされる低額譲り受けの計算式は、以下のとおりです。

通常の取引価額に相当する金額－譲受価額

通常の取引価額に相当する金額である時価から、実際に譲り受けた価額との差額について、贈与税が課税されます。

▶負担付贈与

負担付贈与とは、たとえば借入金などの債務の支払義務を負うことを条件に、財産を贈与することをいいます。

負担付贈与があった場合には、もらった財産の価額と引き継いだ借入金などとの差額に相当する財産の贈与があったものとして取り扱われます。

一方、負担付で財産を譲った人は、消滅した借入金の額から取得価額を差し引いて利益がでた場合には、譲渡所得として所得税が課税されます。

▶みなし贈与の計算②

みなし贈与とされる負担付贈与の計算式は以下のとおりです。

通常の取引価額に相当する金額－負担額

通常の取引価額に相当する金額である時価から、負担した価額との差額について、贈与税が課税されます。

［地代の授受が行われない場合］

▶親族間の不動産の売買

　親族間においても、土地や建物を譲り受ける金額については、通常の取引価額とほぼ同額の売買なら問題ありません。
　しかし、通常の取引価額と譲り受けの価額とがかけ離れている場合には、通常の取引価額と著しく低い価額との差額は、贈与とみなされて、贈与税がかかります。
　具体例でみてみましょう。
　父が所有する不動産を子へ譲り渡すケースです。
　父は実家とは別に不動産を所有しています。たとえばですが、子が結婚し、父は子へ住居を提供するために、実家とは別の不動産を、通常の取引価額では3,000万円のところ、子ということで、1,000万円で売却しようとします。そうしますと、3,000万円－1,000万円＝2,000万円が、子に贈与されたことになります。

▶子が底地を購入した場合

　父が土地の借地権と建物を所有し、土地の底地を第三者が所有していたケースにおいて、その土地の底地を父が購入せずに、子が取得した場合、その後、子と父の間で、その土地の使用の対価として、地代の授受が行われないこととなった場合には、その底地の取得者である子は、父から、その土地にかかる借地権の贈与を受けたものとして取り扱われます。
　具体例で見てみましょう。
　父が所有する建物と借地権の底地を子が取得したケースです。
　父は建物と借地権（1,500万円）を所有していますが、その建物の底地を父が取得せずに、その子が取得したとします。本来、父は底地所有者に対し、地代を支払いますが、子であることを理由に地代の支払いをやめてしまいました。すると、子が本来もらえる地代に代わり、父が所有する借地権が父から子へ移動することになり、建物は父、土地は子が所有することになります。この場合には、原則、借地権1,500万円が父から子へ贈与されたことになります。

解説 25 地代の授受が行われない場合のみなし贈与

1 底地を第三者が所有している場合

建物とその借地権を父が所有し、底地所有者に対し地代を支払っている。

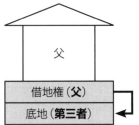

建物所有者　　　父
借地権所有者　　父
借地権価額　　　1,500万円
底地所有者　　　第三者

通常の地代の支払いあり

2 底地を子が取得した場合

底地を子が所有し、父は底地所有者である子へ地代の支払いをしていない。

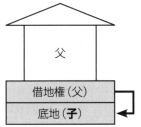

底地を子が買い取る。
父から子への地代の支払いはなし。

地代の支払なし

3 贈与税がかかる場合

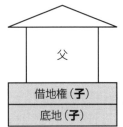

父は地代の支払いをしないことにより借地権を放棄したものと考えられる。
よって父から子へ、原則、借地権の贈与があったものとする。

借地権部分の1,500万円の贈与

節税のポイント

1. 適正な売買価額の算定。
2. 親族間でも適正な価額で取り引きして、贈与を回避する。
3. 負担付贈与では、負担させる債務を有効に使おう。

26 みなし贈与③ 債務免除と金銭貸借

名義人に注意!

親子間の貸し借りや名義貸しにも注意しましょう

チェックポイント

① すべての経済的利益に贈与税がかかるのか?
② 親子の貸し借り、どうすればよいか?
③ なぜ名義人は誰かが大事なのか?

▶まだあるみなし贈与

　これから説明する「その他の経済的利益」によるみなし贈与とは、これまで112ページから119ページまでに述べたみなし贈与以外の贈与のことです。

　生命保険金等、低額での資産の譲り渡し等以外に贈与が発生するものには、債務の免除等によるものが考えられます。

　親が子の名義を使って親の収入の一部を子名義の通帳に移すことは従来から行われていました。そのほかにも、子が住宅等を取得する資金を親が負担することも従来から行われています。

　しかしながら、債務免除等の経済的な利益についても、贈与とみなされて、みなし贈与が課税される場合があります。

[債務免除と金銭の貸与]

▶債務免除等とみなし贈与

　対価を支払わないで、または著しく低い価額の対価で、債務の免除、引き受け、または第三者のためにする債務の弁済などによる利益を受けた人は、その債務の免除等があったときに、その免除等にかかる債務の金額を、その債務の免除等をした人から贈与されたものとして、贈与税が課税されます。

ただし、債務者が資力を喪失して債務の弁済が困難である場合に、その債権者から免除を受けた場合、またはその人の扶養義務者により債務の引き受けまたは弁済などをしてもらった場合には、贈与とみなされた金額のうち、その債務を弁済することが困難な金額については、贈与税はかかりません。

たとえば、収入のある子が、父から金銭150万円を借りている場合において、その150万円の返済を父が免除した場合は、その免除した金額150万円が、父から子への贈与になります。

▶金銭の貸与等とみなし贈与

無償または無利子で土地、家屋、金銭等の貸与があった場合には、その地代、家賃そして利子に相当する金額の経済的利益を受けたとして、贈与税が課税されます。

ただし、その利益を受ける金額が少額である場合、その他課税上弊害がないと認められる場合には、贈与税は課税されません。

また、親族間等の金銭の貸し借りでも、正しい返済条件を設定し、その条件通りに返済が履行されているものについては、貸借取引と認められ、贈与税は課税されません。

金銭の貸与について贈与税が課税されないためには、以下のような注意が必要です。
①金銭消費貸借契約書を作成すること。
②金銭消費貸借契約において通常の金利を定めておくこと。
③返済可能な借り入れの条件を定めておくこと。
④返済の事実を裏付ける客観的証拠(たとえば、銀行振込など)を残しておくこと。

［資産の名義に注意しよう］

▶住居の購入資金を無利息で貸与した場合

子が、住居の購入資金の一部を親から借り入れる場合で、形式上は金銭貸与だが、実際の金銭の返済は、出世払いやある時払いの催促なしというような場合は、金銭の贈与があったものとして取り扱われる可能性があります。

金銭貸与が無利息の場合は、その利息相当額は、少額である場合を除き、贈与税が課税されます。また、利率が一般的な利率とかけ離れているものの場合にも、その通常の利息との差額に相当する金額については、贈与税が課税される可能性があります。

▶名義によるみなし贈与

　本来、資産の取得は資産の購入資金を負担した人がその資産の所有者であり、資産の名義人となります。

　しかし、資産を購入した際に、資金負担のない人の名義が入っている場合には、資金を負担した人から、資金負担をしていないその資産の名義人に対して、贈与税が課税されます。

　ただし、資金を負担した人以外の人がその資産の名義人となった場合で、下記の要件を満たす場合は、贈与はなかったものとして取り扱われます。
①資産の名義人となった人が、当該資産の名義人となっている事実を知らなかった場合。
②名義人となった人が、その資産の使用収益または管理運用をしていない場合。
③贈与の意思に基づくものでなく、やむを得ない理由に基づいて行われる場合。
④錯誤があった場合。

▶共働き夫婦が住宅等を購入した場合

　共働き夫婦のうち、夫が金融機関等からの借入金により住宅等を取得し、名義も夫のみとなっている場合に、借入金の返済を、夫と妻の両方がそれぞれ負担している場合は、妻が負担している部分の金額は、夫に対する贈与として、贈与税が課税されます。

まだあるみなし贈与

1 親が子のマンションの購入資金を無利子で貸与した場合

親からの借入金			4,000万円
利息	0%	通常の利息	2%

子は親から4,000万円×2%=80万円の経済的利益を受けた。ただし、子が受けた贈与が年間110万円以下であれば贈与税はかかりません。

2 共稼ぎの夫婦がマンションの購入資金を、共同で返済する場合

金融機関からの借入金			4,000万円
平成28年度の返済額			400万円
夫の所得	500万円	妻の所得	300万円

(1) 夫のみが登記をしている場合

　どちらがいくら返済しているか確認できない場合、たとえば以下の方法が考えられます。

$$400万円 \times \frac{300万円}{500万円(夫)+300万円(妻)} = 150万円$$

　夫は妻から150万円の贈与を受けた。

(2) 夫が5／8、妻が3／8を登記している場合

　夫と妻が負担する借入金の額に応じて、共有持分をさだめ、夫婦共有財産として登記しているため、贈与税はかかりません。
　ただし、明らかに夫のみが100％返済している場合等については、妻に対する贈与とされる場合もあります。

節税のポイント

1. 資産の名義に注意しましょう。
2. 親族間の金銭の貸し借りは、必ず契約書を作成しましょう。
3. 借り入れの返済は、その事実を裏付ける証拠を保存しましょう。

[Part 3]

あなたにも簡単にできる！

生前対策

27 遺言の効力

どれも法的効果は同じ

遺言者の意思を反映させ、円滑な遺産分割を可能にする!

① 事業を長男に継がせるにはどうするか?
② 孫に財産を残すにはどうするか?

▶「争族」にならないため

遺言とは、「自分の死亡後において、自分の財産等をどのように処分するかを自分で決めるための最後の意思表示」であるといえます。

遺言がない場合には、遺産分割は相続人同士の話し合いに委ねられてしまうため、無用なトラブルを招く場合もあります。そのようなトラブルをできる限り回避するために、遺言という法律的な手続きを活用することができます。ただし、一定の要件を満たしている遺言でなければ、法的な効力はありません。

また、遺言の内容が「家族全員で仲良く財産を分けるように」といったものは、遺書や遺訓という意味合いはあっても、法律上、遺言として効力の生じるものとはいえません。

［遺言の種類と特徴］

普通方式による遺言には次の3種類があります。

▶公正証書遺言を作る

2人の証人が立会い、公証人（公証役場にいる）が遺言を作成する方式の遺言のことをいいます。

この公正証書遺言は、公証人が作成するため、非常に証拠能力が高く、偽造の危険もないため信頼性・確実性の高い方法といえます。
　また、この方法で作られた遺言は、家庭裁判所の検認手続きを受ける必要はありません。
　しかし、作成費用がかかることがデメリットです。

▶自筆証書遺言を作る

　遺言者自身がその全文、日付を自筆で記入した上で署名し押印する遺言のことをいいます。自筆が要件になっているため、ワープロによる遺言は無効になります。
　この自筆証書遺言は、遺言者単独で作成できるため、遺言内容を他者に秘密にしておくことができること、遺言作成費用等の金銭負担がないことといったメリットがあります。
　ただし、簡単な反面、その存在に相続人が気付かない可能性があることや、遺言が発見されても要件を欠いていたために無効とされてしまうこともあります。
　なお、相続人は遺言を開封する前に家庭裁判所の検認が必要です。

▶秘密証書遺言を作る

　秘密証書遺言は上記2つの中間的な方法です。
　この方法は遺言を自分で作成するため、遺言の内容は秘密にできますし、証人が存在するので遺言の存在を知らしめることができます。
　しかし、手間と時間がかかる上に、要件を欠いていたために遺言自体が無効になる可能性もあり、一般的には使われていません。また開封する前には家庭裁判所の検認が必要です。

［遺言を活用する事例］

　繰り返しになりますが、遺言には、次の2つの意義があります。
　①「遺言者の財産の処分について遺言者の意思を反映させること」、②「相続人間のトラブルを避け円滑な遺産分割を可能にすること」です。
　具体例で遺言の有効活用を説明しましょう。

▶遺言の活用①

「私は事業を行っているのですが、この事業を長男に継がせたいと考えています。遺言は必要ですか」

後継者である長男が自社株や事業用資産を取得して経営権を引き継ぐように、あらかじめ遺言で指定しておけば、分割時に親族間のトラブルが起こらなくなります。

しかし、これらの資産は換価が難しい資産です。相続税の観点からすると相続財産として課税されますが、事実上換金できないため、納税資金に困るといった事態も考えられます。自社株や事業用資産には納税の観点から注意が必要です。

▶遺言の活用②

「息子はすでにある程度の財産を持っているため、孫に財産を残したいと考えています」

孫に遺贈するという内容の遺言を残しておく必要があります。

世代を一代とばすことにより、子の財産は増えませんので、相続税の負担を世代を通して節約することもできます（ただし、相続税の２割加算を考慮する必要があります）。

遺言の活用例

❶ 長男に経営権を譲る

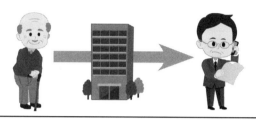

- 自社株や事業用資産を長男が取得するように遺言で指定
- 遺言があれば分割時にもめない
- 納税資金作りも大切!

❷ 孫に遺贈する

- 孫に遺贈する旨の遺言を作成
- 世代を一代とばすことにより子の財産は増えない
- 世代を通して相続税を減らす!

節税のポイント
1. 遺言があれば分割時にもめない。
2. 世代を一代とばすことにより子の財産は増えない。

28 遺留分と寄与分

遺留分を侵害したら…

遺留分を侵害された相続人は、遺留分減殺請求を行うことができる

① 遺留分とは?
② 遺留分と寄与分の違いとは?
③ 遺留分の割合とは?

▶法定相続分とは？

　遺産の取り分のことを相続分と言います。相続分は遺言により指定することができます（指定相続分）が、遺言がなかった場合には民法で定める相続分によることになります。これを法定相続分といいます。

　たとえば相続人が配偶者と子どもが2人のときは、配偶者の相続分は2分の1、子どもの相続分はそれぞれ2分の1×2分の1＝4分の1となります。

　養子については、実子と同じ相続分となります。また、愛人との間に生まれた子（非嫡出子）については、認知している場合、民法改正前は実子の2分の1が相続分でしたが、改正により実子と同等の相続分となりました。もし認知されていなければ、相続権はありません。

［遺留分と寄与分］

▶遺留分は原則として法定相続分の2分の1

　被相続人は、原則として遺言によって、その財産を自由に処分することができます。
　しかし、愛人にすべての財産を譲るなど、妻子の生活をおびやかしたり、相続人間の公平をまったく無視することは認められません。
　そこで民法では、兄弟姉妹以外の法定相続人（配偶者・直系卑属・直系尊属）に相

続財産の一定割合を確保できる規定をおいてあり、これを遺留分と言います。

遺留分は基本的には、相続分の2分の1となっています（相続人が直系尊属のみの場合3分の1、相続人が配偶者と兄弟姉妹の場合の配偶者は被相続人の財産の2分の1）。

遺留分を侵害されたらどうすればよいでしょう。

▶遺留分を侵害されたら…

遺留分を侵害した遺言による遺産分割が行われた場合には、その侵害された相続人は、多くの財産を取得する人に対して遺留分の侵害部分を返してくれという請求（遺留分の減殺請求）を行うことができます。

遺留分の減殺請求権は遺留分を侵害された者が、相続の開始及び遺留分が侵害された事実を知ったときから1年間が過ぎると、時効によって消滅します。また、知らなかった場合でも、相続の開始から10年間を経過すると除斥期間によって消滅します。

▶寄与分については協議する

相続人のうち、被相続人の事業に関する労務を提供したり、被相続人の療養看護に努めるなどして、遺産の維持増加に特別に貢献した者があるとします。この場合の遺産分割の際には、その者の法定相続分のほかに、この寄与分を加えて、その者の相続分とされます。この加えられる相続分を寄与分といいます。

寄与分は相続人間での協議によって定めますが、協議で定まらないときは家庭裁判所に申し立てます。

ただし、相続人でない者（内縁の妻、息子の嫁など）の寄与分や、妻としての夫への看病などは、家族としての相互扶助の範囲内のものであるため、特別な寄与とは認められません。

［遺留分と遺言の具体例］

遺言の作成にあたっては、相続人の遺留分を考慮する必要があります。具体例で説明してみましょう。

▶長男に自宅を残したい

「私の主な遺産は4,000万円の自宅です。相続人は２人の息子だけですが、同居している長男夫婦がそのまま自分たちの自宅にするつもりのようです。遺言を作成しなくても問題ないでしょうか」

遺言を作成しておかないと、長男夫婦が自宅に住むことができなくなる可能性があります。

遺言がない状態で息子２人が遺産分割協議を行い、次男が自己の相続分である２分の１を主張した場合、4,000万円の自宅を２人で分けると2,000万円ずつになります。そのため、それぞれが遺産相続を受けるためには、自宅を売却してその金銭を分けるしかないようです。

この場合には、息子２人と事前に話し合いをした上で、自宅は長男に与え、次男には相続財産の遺留分である４分の１に相当する金額（1,000万円）を現金にて長男から支払う旨を記した遺言を作成しておくのがよいでしょう。

▶妻に全部を残したい

「うちには子どもがいないので、すべての財産を妻に相続させたいのですが、遺言を作成しなくても問題ないでしょうか」

被相続人に兄弟姉妹がある場合には、遺言がないと兄弟姉妹にも相続権が発生してしまい、財産を譲らなければならない可能性があります。なぜなら、遺言がないと、被相続人の兄弟姉妹には４分の１の相続権が民法上規定されているからです。

こうなった場合には、相続人全員で遺産分割協議を行うことになり、遺産分割協議が完了してから可能となる不動産の登記や預金の名義変更までに時間がかかることも心配されます。しかし、「妻に全財産を残す」旨の遺言を作成しておけば、兄弟姉妹には遺留分はありませんので、妻に全財産を残すことができますし、遺産分割協議をする必要もありません。

トラブらない相続には遺言を!

❶ 長男に自宅を残す

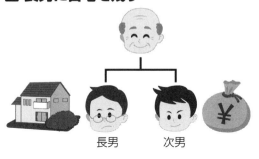

- 遺言を作成
- 長男は自宅を相続
- 次男は長男から遺留分相当額の現金を取得
- これで円満相続!

❷ 妻に全財産を残す

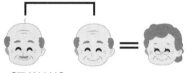

[兄弟姉妹]
相続分　4分の1
遺留分　なし

- 遺言を作成
- 兄弟姉妹には相続分はあるが遺留分はない
- 遺産のすべてを妻に残すことができる
- 妻の老後も安心!

●相続・遺留分の割合

相続人	配偶者のみ	配偶者と子ども		配偶者と父母		配偶者と兄弟姉妹		父母のみ
		配偶者	子ども	配偶者	父母	配偶者	兄弟姉妹	
相続分	1	1/2	1/2	2/3	1/3	3/4	1/4	1
遺留分	1/2	1/4	1/4	1/3	1/6	1/2	なし	1/3

節税のポイント

1. 遺言を作成する。
2. 兄弟姉妹には相続分はあるが遺留分はない。
3. もめた場合には、遺留分相当額の現金等の支払いをする必要があります。

29 生命保険を活用するアイデア

サヨナラ！争族

相続税の節税とスムーズな遺産分割も可能となる！

① 死亡保険金の非課税枠とは？
② 代償分割として保険を活用するには？
③ 死亡保険金は遺産分割協議が必要か？

▶死亡保険金の非課税枠とは？

　被相続人の死亡によって支払われる生命保険金で、その保険料を被相続人が負担していたものは、相続税の課税対象となります。

　この死亡保険金には、相続人1人あたり500万円の非課税枠があります。

　たとえば、相続人が3人いる場合、死亡保険金について1,500万円の非課税枠があります。

　この非課税枠は、相続人3人のうち1人だけが2,000万円の死亡保険金を受け取った場合であっても、その人が1,500万円の非課税枠を使うことができます。この場合、非課税枠を超えた500万円が課税対象となります。生命保険を活用するアイデアを紹介します。

［死亡保険金を受け取った、課税は相続税とは限りません］

▶相続税がかかる場合

　前述のように、生命保険金を受け取って相続税がかかるのは、被相続人が保険料を負担した契約者であり、かつ被保険者であった場合です。

　ということは、保険料を負担した契約者が被相続人以外であった場合には相続税はかかりません。しかし、次のような課税がされますので、十分注意が必要です。

▶所得税がかかる場合

では、保険料を負担した契約者が被相続人の長男だったとしたらどうでしょう。長男は父である被相続人の死亡により保険金を取得しても相続税はかかりません。この場合、受け取った保険金は長男の所得税の対象となります。

所得税は累進課税で最高税率は住民税含め55％です。ただし、保険金は原則一時所得に該当するため、次の算式のとおり実質的な税率は半分以下になります。

一時所得＝受け取った保険金－支払った保険料－50万円
所得税＝（一時所得×1／2＋その他給与所得等）×累進税率

被相続人が契約者として自分で保険料を払うと、保険金を受け取った親族は、非課税枠を超えた部分は他の財産と合算して相続税の対象です。高税率の相続税が見込まれる場合には、「時間をかけて長男に現金贈与、長男はもらった現金を元手に被保険者を父とする保険に加入し、父死亡時に保険金を取得できるようにしておく」といった方法で、税引後の保険金を多く残すことも可能となります。

▶贈与税がかかる場合

ケースによっては死亡保険金を受け取って贈与税が課税されることもあります。たとえば、保険料を負担した契約者が被相続人の妻、保険金受取人が長男の場合です。

この場合には、保険金を受け取った長男は、保険料を支払った契約者である母（被相続人の妻）から贈与により保険金を取得したものとして、贈与税の対象となります。

保険金額が大きい場合には、思わぬ税負担となるため、受取人変更も検討する必要があります。

［生命保険を利用した遺産分割］

具体例で説明してみましょう。

▶代償分割に活用

「息子が２人いますが、相続財産は8,000万円の自宅しかありません。自宅は長男に残すつもりなのですが、次男に相続させる財産がないので遺産分割がうまくいきま

せん」

　生命保険を活用した代償分割を検討しましょう。

　代償分割とは、相続人の１人が、遺産を取得した代償として、ほかの相続人に金銭その他の財産を与える分割方法をいいます。

　長男を受取人とした生命保険契約（保険金4,000万円）に加入しておきます。相続により長男は自宅を取得するとともに、保険金を受け取ります。そして受け取った保険金を原資として次男に4,000万円を支払います。

　ここでのポイントは、保険金の受取人を次男ではなく長男とすることです。

　なぜなら保険金は、原則、受取人固有の財産で遺産には該当しないため、次男が保険金を受け取ってしまうと、円滑な遺産分割に支障がでるかもしれません。

　うまく遺産分割をするためには、長男が保険金を受け取り、次男へは代償金として渡すようにしましょう。

▶争族を防ぐために活用

　「子どもたちはいつも喧嘩ばかりしています。将来、遺産分割でもめないか心配しています」

　死亡保険金は遺産分割協議が不要です。

　死亡保険金は指定した受取人の固有の財産となるため、遺産分割を行うことなく確実に受取人の固有の財産になります。

　子どもたちには、それぞれ平等に保険の契約をしておけば、遺産分割でもめることはありません。

解説 29 生命保険の活用例

1 代償分割に活用

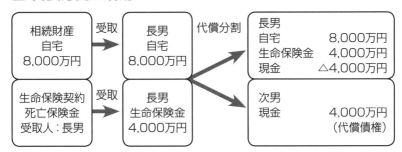

受取人を長男とするのがポイント！

2 争族を防ぐために活用

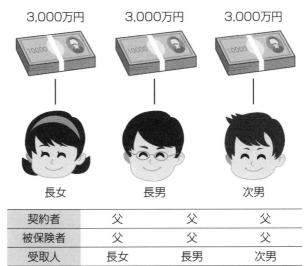

> 節税のポイント
> 1. 死亡保険金は相続人1人あたり500万円の非課税枠がある。
> 2. 保険金は代償分割としても活用できる。
> 3. 保険金は受取人固有の財産であり、遺産分割協議は不要である。

30 小規模対策
最大限活用したい減額の特例

自宅や事業用の宅地が50%～80%の大幅減額になる!

チェックポイント
① この特例の適用要件とは?
② どの宅地を誰が相続するのか?
③ 有利な活用の方法とは?

▶小規模宅地等の特例とは?

居住用や事業用の土地を相続した場合には、一定の面積まで通常の相続税評価額から、80％または50％の金額を減額することができます。

この特例は自宅の土地や店舗等の事業用の土地などのように、当該財産を承継した相続人等の生活基盤となる財産については、相続税の負担が過度にならないよう調整してくれるものです。

たとえば、200㎡の自宅の敷地を同居していた相続人が取得した場合、通常の相続税評価額が4,000万円だとすると、なんとその80％の3,200万円が減額され、課税対象となる価額は800万円となるというものです。

仮にこの生活基盤の土地を通常の相続税評価額に基づき相続税を算出すると、担税力を超えた納税額となってしまい、最悪の場合、土地を処分しなければ相続税の納税ができないといった問題が生じてしまうこととなります。

[特定居住用宅地等、特定事業用宅地等とは何か?]
▶小規模宅地等の特例の適用要件

この特例は、個人が相続等により取得した宅地等のうち、特例対象の宅地で一定の選択をしたもので一定の面積までの部分について、一定の減額割合を乗じて計算した

金額を評価額から控除する、というものです。

限度面積、減額割合は142・143ページのとおりです。たとえば、特定居住用宅地等400㎡（相続税評価額5,000万円）を相続した場合、3,300万円が次のように計算され減額されます。

5,000万円×330㎡／400㎡×80％＝3,300万円

▶特例対象宅地等となるもの、ならないもの

(1) 特定居住用宅地等

330㎡まで80％減額となる特定居住用宅地等とは、被相続人等の自宅の土地で、次に掲げる者が取得者となる場合のことをいいます。
①配偶者
②同居親族で申告期限まで宅地を保有し、かつ、居住継続している者
③被相続人に配偶者、同居親族がなく、かつ、相続開始前3年内に自己（配偶者を含む）所有の自宅に居住したことがない者で、申告期限まで宅地を保有している者

上記のほか、被相続人の生計一親族の自宅の土地についても、当該生計一親族が取得し、申告期限まで宅地を保有し、かつ、居住継続している場合には特定居住用宅地等として80％減額が可能となります。

(2) 特定事業用宅地等

400㎡まで80％減額となる特定事業用宅地等とは、被相続人の事業用（不動産貸付業を除きます）の宅地で、取得者が次に掲げる要件を満たすものをいいます。
①被相続人が営んでいた事業を引き継ぐこと
②申告期限までその宅地を有し、事業を営んでいること

上記のほか、被相続人の生計一親族が営む事業用の土地についても、当該生計一親族が取得し、申告期限までその宅地を有し、自身の事業を営んでいる場合には特定事業用宅地等として80％減額が可能となります。

(3) 特定同族会社事業用宅地等

被相続人等が50％超の株を所有する同族会社の事業用の土地（貸付用を除く）で被相続人が貸し付けているもので一定のものについては400㎡まで80％減額が可能となります。

(4) 貸付事業用宅地等

　貸付用の土地は、200㎡まで50%減額が可能となります。ただし、更地や構築物（アスファルト舗装等）のない青空駐車場などは、適用外です。

［小規模宅地等の特例の有利な選択方法］
▶多くの財産を子に相続させるには？

　小規模宅地等の特例には、限度面積や減額される割合が決まっているため、次に掲げる事項を考慮し、条件面で有利な宅地を子に相続させたほうが相続税の負担が少なく済みます。
①１平方メートルあたりの単価が高い宅地
②80%減額ができる宅地

　たとえば、路線価が10万円の自宅330㎡と、50万円の貸家200㎡があるとします（子は持ち家を所有しておらず、被相続人と同居しているものとします）。

　　自宅の減額　10万円×330㎡×80%＝2,640万円
　　貸家の減額　50万円×200㎡×（1－0.7×0.3）※×50%＝3,950万円

　となりこのケースでは貸家を子に相続させるほうが有利になります（※貸家建付地の評価、借地権割合を70%、借家権割合30%とします）。

　なお、残された自宅の土地については、どのように相続したほうが有利となるかですが、一般的には一次相続で配偶者が相続し、二次相続のときに子が相続するケースが有利になると思われます。小規模宅地等の特例における限度面積は一回の相続の中での制限であるため、無理に一次相続で取得せず、二次相続で小規模宅地等の特例を利用し、子に相続させたほうが最大限に特例を活用でき税負担が少なくなり有利になるものと思われます。

　たとえば、相続税の実効税率を一次相続・二次相続とも20%として考えた場合には下記のようになります。
① 一次相続ですべて子が相続した場合
　　自宅3,300万円（10万円×330㎡）＋貸家3,950万円（小規模宅地等の特例を適用）
　　＝7,250万円　7,250万円×20%＝1,450万円
② 二次相続で自宅を相続した場合

イ　一次相続　貸家3,950万円（小規模宅地等の特例を適用）×20％＝790万円※
　　　※自宅は配偶者の税額軽減によりゼロであるものと仮定しています。
　　ロ　二次相続　自宅660万円（小規模宅地等の特例を適用）×20％＝132万円
　　ハ　イ＋ロ＝922万円
③　①（1,450万円）＞②（922万円）　∴②が有利
　　　※実際には、登録免許税等の移転コストや一次相続と二次相続との税率差、小規模宅地等の特例の適用有無などの検証も併せて行う必要があります。

▶特定居住用宅地等と特定事業用宅地等の完全併用

　小規模宅地等の特例を適用する際、2種類以上の宅地があり優先して適用する宅地が上限面積までいかない場合等、2種類以上の宅地に対して小規模宅地等の特例を適用する場合には、全体での上限枠があるため、以下のように調整計算を行い小規模宅地等の特例に係る適用面積を計算する必要があります。

【算式】
A×200㎡／330㎡＋B×200㎡／400㎡＋C ≦ 200㎡
　　A：特定居住用宅地等
　　B：特定事業用宅地等
　　C：貸付事業用宅地等

　ただし、小規模宅地等の特例の対象として選択する宅地等のすべてが、特定居住用宅地等と特定事業用宅地等である場合は、それぞれの適用対象面積まで適用可能となり調整計算は不要となります。

減額割合及び完全併用(特定居住用宅地等と特定事業用宅地等)

【小規模宅地等の取扱一覧表】

区分	相続開始直前の状況		
事業用宅地等	被相続人等の事業用宅地等	不動産貸付業等以外の事業用	被相続人の事業用
			被相続人と生計を一にする親族の事業用
		不動産貸付業の事業用	
居住用宅地等	被相続人の居住用宅地等		
	被相続人と生計を一にする親族の居住用宅地等		

【特定居住用宅地等と特定事業用宅地等との完全併用】

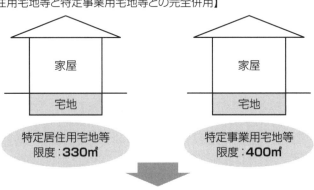

要件	減額割合	課税割合
「特定事業用宅地等」に該当する宅地等	80%	20%
「特定事業用宅地等」に該当する宅地等	80%	20%
「特定同族会社事業用宅地等」に該当する宅地等	80%	20%
「貸付事業用宅地等」に該当する宅地等	50%	50%
「特定居住用宅地等」に該当する宅地等	80%	20%
「特定居住用宅地等」に該当する宅地等	80%	20%

出典「図解相続税・贈与税」（一般財団法人大蔵財務協会）一部抜粋

節税のポイント

1. 小規模宅地等の特例が使えるようにし、一番有利な宅地と誰が減額を適用するかを検討する。
2. 申告期限までに遺産分割をして適用する。未分割状態では適用できない。未分割の場合は、期限内申告で3年内分割見込書を提出。分割後に更正の請求等。
3. 小規模宅地等の特例により相続税が発生しない場合にも相続税の申告は必要である（この制度を適用しなくとも相続税が発生しない場合を除く）。

31 養子縁組をする
養子の節税効果は絶大!

相続人の数を増やすと相続税を下げることができる

チェックポイント
① 相続人の数が増えれば増えるほど相続税は下がるのか?
② 民法上の養子と相続税法上の養子の違いとは?
③ 養子縁組の注意点とは?

▶相続人の数と相続税の計算

　相続税の計算は、相続財産の合計額を法定相続分で分けた金額にその金額に応じた税率をかけて相続税の総額を算出する仕組みになっています(「Part1　10 相続税の計算」を参照)。

　また相続人の数に応じて非課税となる次のような規定があります。
①遺産に係る基礎控除額
②生命保険金の非課税金額
③退職手当金の非課税金額

　このように、相続税の計算においては、相続人の数を使って計算するので、相続人が増えれば、遺産に係る基礎控除額や生命保険金等の非課税金額も増えます。さらに、適用する相続税の税率も下がるので、相続税は当然下がることになります。

[民法上の養子と相続税法上の養子の違い]

▶養子の規制

　養子縁組は、民法で定められているのですが、民法上ではその数に制限はなく、何人でも養子縁組ができます。相続税の計算上、相続人の数が多ければ多いほど相続税は下がるので、多数の養子縁組をすることにより、相続税の負担を減らそうとする傾

向が見受けられるようになりました。

　そこで相続税法では、次のような規制を入れることになりました。
①被相続人に実子がいる場合は、養子のうち１人のみを法定相続人の数に入れる。
②被相続人に実子がいない場合は、養子のうち２人までを法定相続人の数に入れる。

　法定相続人とは、遺言等がない場合、民法の規定により相続人になれる人（配偶者、子ども、親等の親族）を言います。相続税の税額計算や遺産にかかる基礎控除額、生命保険金や退職手当金の非課税金額を算出する際に、この法定相続人の数を使います。

　この規制により、養子を大勢作ったとしても、相続税の計算上では１人または多くても２人しかカウントできないようになっています。

　また、孫を養子とした場合、孫の相続税については、通常の計算で算出した相続税を２割増しにするという規制も加わり、さらに歯止めをかけられています。

　相続税法上での規制は、法定相続人の数に入れないという税額計算上のみですが、民法上での養子には数の制限等なんら規制はありません。

［養子縁組をした前後の税額の比較］

▶孫を養子にしてみると？

　それでは具体例で説明してみましょう。
　Ａさんの相続財産は3億円、このうち、生命保険金と退職手当金がそれぞれ1,500万円ずつ含まれています。
　生命保険金や退職手当金は、法定相続人１人あたり500万円まで非課税なので、養子縁組前の非課税金額は500万円×２人＝1,000万円となります。
　養子縁組後は、法定相続人は、妻、子ども２人になり、500万円×３人＝1,500万円となります。
　さらに、遺産にかかる基礎控除額は3,000万円＋600万円×法定相続人の数で求めますので、養子縁組前は、3,000万円＋600万円×２人＝4,200万円、養子縁組後では、3,000万円＋600万円×３人＝4,800万で、養子縁組をすることにより、相続財産がここまでで1,600万円減少しました。
　さらに、民法により定められている相続する割合（法定相続分）は、法定相続人が１人増えたので、

　　養子縁組前　２分の１

養子縁組後　　2分の1×2分の1＝4分の1
となり、適用税率が、財産の減少とあいまって、
　　養子縁組前　妻が40％　子どもが40％
　　養子縁組後　妻が40％　子どもが30％
となっています。
　また孫が取得した財産については、子を飛び越し、相続の機会を1回減らすことができますので、相続税の節税に繋がります。
　その反面、孫分の相続税は2割増しとなりますので、孫が取得する財産については熟慮する必要があります。

▶養子縁組は慎重に

　養子になると、養親の苗字を名乗ることになります。実親とは違う名前で受験や就職をしなければなりません。
　また、本来は相続人ではない人に相続権を与えるのですから、当然、他の本来の相続人の理解が必要です。養子縁組の時期、その相手の選定は熟考すべきでしょう。

養子縁組をする前とした後の税額の比較

相続財産：3億円（相続財産のうち、生命保険金が1,500万円、退職手当金が1,500万円）
相続人：妻、子ども1人の計2人（便宜上、配偶者の税額軽減及び2割加算は考慮外）

1 養子縁組する前の相続税

相続財産	3億円
生命保険金の非課税金額	1,000万円
退職手当金の非課税金額	1,000万円
差引計	2億8,000万円
遺産に係る基礎控除額	4,200万円
	2億3,800万円

相続税の計算

●妻分の相続税
2億3,800万円×1/2＝1億1,900万円
1億1,900万円×40％－1,700万円＝3,060万円

●子ども分の相続税
2億3,800万円×1/2＝1億1,900万円
1億1,900万円×40％－1,700万円＝3,060万円

　　相続税の合計　　6,120万円　　　（①）

2 孫を1人養子縁組した場合

相続財産	3億円
生命保険金の非課税金額	1,500万円
退職手当金の非課税金額	1,500万円
差引計	2億7,000万円
遺産に係る基礎控除額	4,800万円
	2億2,200万円

相続税の計算

●妻分の相続税
2億2,200万円×1/2＝1億1,100万円
1億1,100万円×40％－1,700万円＝2,740万円

●子ども分の相続税
2億2,200万円×1/2×1/2＝5,550万円
5,550万円×30％－700万円＝965万円

●孫分の相続税
2億2,200万円×1/2×1/2＝5,550万円
5,550万円×30％－700万円＝965万円

　　相相続税の合計　　4,670万円　　　（②）

3 相続税の節税効果　　①－②＝1,450万円

節税のポイント
1. 実子がいる場合は、養子は1人までしか相続税の効果がない。
2. 実子がいても、相続の1代飛び越し効果は何人でも効果あり。
3. 孫養子は相続税が2割増しとなる。

32 不動産管理会社の活用

建物を売却するのが得！

所得税対策だけではなく相続税対策にもなる

チェックポイント

① 不動産管理会社を利用して資産を移転するには？
② 不動産管理会社の運営の仕方とは？
③ 不動産管理会社よりさらに大きな効果を上げるには？

▶不動産管理会社とは？

不動産賃貸業は、年数を経て建物の減価償却や借入金返済が進んでいくと、経費が少なくなり、所得税の負担がだんだん重くなってきます。

そこで、オーナー1人に集中している不動産収入を、不動産管理会社を利用して、不動産収入の一部を妻や子どもへ給与支払いという形で分散することにより、所得税の負担を少なくすることができます。

不動産収入を分散することは、相続発生までの相続財産の増加を抑えるとともに、子どもたちへ高い贈与税を負担させることなく、事前に相続財産を移転することができ、納税資金の準備にもなります。

不動産管理会社の利用は所得税、相続税の両方にメリットがでます。

［不動産管理会社の運営の仕方］

▶管理委託方式とサブリース方式

不動産管理会社の運営の仕方には、次の2つの方法があります。
①管理委託方式
　入居者の募集、賃貸契約の締結、更新業務や集金、清掃等の不動産の維持管理業務をオーナーから請け負い、管理手数料をオーナーからもらう方式です。

②サブリース方式

　オーナーが所有する不動産を、まず不動産管理会社がオーナーから借り、さらに、不動産管理会社が外部のテナントへ貸すサブリースといわれる方式です。前者はオーナーと会社は管理委託契約を締結しますが、後者は、オーナーと会社は賃貸借契約を締結することになります。

▶金額の基準

　２つの方式の仕組みは同じですが、不動産管理会社へ支払う金額の基準は方式ごとに異なります。

　①の管理委託方式では、オーナーから管理料をもらうことになります。管理料として適正な金額は第三者へ委託したとした場合に支払う管理料程度が目安になります。目安としては簡単な管理業務であればだいたい５〜６％程度が一般的のようです。

　②のサブリース方式では、会社はオーナーから低額で借りて、テナントへ賃貸することにより、資金を会社へプールします。家賃保証をする場合は、空室リスク負担という点から実際家賃の15〜20％程度引きの家賃が、また、実際家賃の収入に応じて家賃を変動する契約の場合は、10〜15％程度引きの家賃が外部の不動産会社がサブリースを請負ったときの相場のようです。

　管理料、家賃、いずれの名目であっても第三者と同じような取り引きをした場合における世間相場と比べてかけ離れているときは、税務上否認されることがありますので注意が必要です。常に第三者とその取り引きをした場合に取り決めた管理料等を支払うかどうか、判断の基準にしてください。

［不動産管理会社活用の具体例］

▶分散すると税率が低くなる

　では不動産管理会社設立前と設立後の比較を具体例で説明してみましょう。Ａさん個人の不動産収入は8,000万円です。Ａさんは、不動産管理会社を設立し、不動産管理会社へ不動産収入の85％の6,800万円で転貸します。不動産管理会社は外部へ8,000万円で賃貸することにより、不動産管理会社には、1,200万円の資金が残ります。

　この1,200万円を、子ども３人へ給与として支払った場合のＡさんファミリーの総額での所得税・住民税と、Ａさん個人での所得税・住民税は470.4万円の差がでてい

ます。
　これは、Aさんの不動産収入のうち1,200万円部分は、子どもへ分散され50％の税率から20％の税額負担となったこと、さらに子どもの給与についてはそれぞれ134万円の給与所得控除という経費が引かれている、この２つの効果によるものです。

▶さらに大きな効果のある方法

　オーナーの建物を不動産管理会社へ売却することにより、不動産管理方式に比べてより多くの所得税、相続税の軽減を図ることができます。
　建物を会社へ売却した場合には、不動産収入の全部が、会社へ入るからです。さらに、オーナーの所得税・住民税が下がるだけではなく、オーナーの相続財産の増加抑制と相続税の納税資金の確保という観点から、相続税上でも大きな効果があります。

▶建物を移転する場合の注意点

　不動産管理会社が建物を所有するということは、株主が建物を所有することになります。株主を誰にするのか、熟考が必要です。また、建物を移転する際には、税務署への「土地の無償返還の届出書」の提出が必要です。この届出書を提出しないと、地主から、建物を移転した会社へ借地権を無償で贈与したことになり、税務上、会社に借地権部分に相当する金額が受贈益という収入として計上され、その収入に対して多額の法人税が発生することになります。建物を移転する方法をとる場合は、税理士に相談したほうが無難です。

解説32 不動産管理会社設立前と設立後の比較

1 所得税の効果

①不動産管理会社設立前
● Aさんの所得税・住民税
- 不動産収入　　　　　　　8,000万円
- 収入にかかる経費　　　△4,000万円
- 差引所得　　　　　　　　4,000万円
- 4,000万円×50%−280万円=1,720万円

②不動産管理会社設立後
イ　Aさんの所得税・住民税
- 不動産収入　　　　　　　6,800万円 ※
- 収入にかかる経費　　　△4,000万円
- 差引所得　　　　　　　　2,800万円
- ※8,000万円×85%=6,800万円

2,800万円×50%−280万円=1,120万円

ロ　子ども1人あたりの所得税・住民税
- 給与収入　　　　　　　　400万円
- 給与所得控除額　　　　△134万円
- 差引計　　　　　　　　　266万円

266万円×20%−10万円=43万2,000円
43万2,000円×3人=129万6,000円

ハ　Aさんファミリーの所得税・住民税合計
イ+ロ=1,249万6,000円

（便宜上、復興特別税は省略）

2 相続税の効果（資金移転の効果）

①不動産管理会社設立前
● Aさんの税引後手取り金額の10年間の合計額
- 4,000万円−1,720万円=2,280万円
- 2,280万円×10年=2億2,800万円
- 子どもの税引後手取り金額　　　0円

②不動産管理会社設立後
● Aさんの税引後手取り金額
- 2,800万円−1,120万円=1,680万円
- 1,680万円×10年=1億6,800万円

● 子どもの税引後手取り金額
- 400万円−43万2,000円=356万8,000円
- 356万8,000円×10年×3人=1億704万円

3 不動産管理会社設立による効果

①所得税・住民税の差額

	設立前	設立後	差額
Aさん	1,720万円	1,120万円	
子ども	0万円	129万6,000円	
合計	1,720万円	1,249万6,000円	470万4,000円

②設立後10年間の資産移転金額

	設立前	設立後	差額
Aさん	2億2,800万円	1億6,800万円	△6,000万円
子ども	0万円	1億704万円	1億704万円

節税のポイント

1. 管理方式の会社設立の目安は不動産収入が5,000万円程度の規模から。
2. 建物を所有する会社設立の目安は不動産収入が1,000万円程度の規模から。
3. 会社を設立するときは役員報酬をもらえる親族がいること。

33 納税資金対策
相続費用の前払い

相続発生後の費用は相続発生前に支払っておく

チェックポイント

① 相続税負担後の現金で支払うのは不利なのか？
② 相続発生後にかかる費用とは？
③ 生前に準備できる費用とは？

▶なぜ相続発生前に準備するのか

　家族が亡くなると、日常生活では考えられない特別な支出が発生します。その代表として、墓地や仏壇等の支出があります。これらの明らかに予想できる相続発生後の費用については、相続発生後の相続税を負担させた現金で支払うより、生前にしかも相続税を負担する前の現金で支払うほうが有利です。

　また、墓地や仏壇のように、相続税の規定では非課税になる支出については、生前に手許現金が墓地や仏壇に変わっただけで購入に充てた現金がゼロになるという効果もあります。

　このように相続税では相続発生後の特別な支出は事前に準備をしておいたほうが断然有利なのです。

[事前に準備できる、または、準備すべき費用とは？]

▶相続発生後にかかる費用とは？

　相続発生後にかかる費用としては、次のような支出が考えられます。
① 墓地
② 仏壇、位牌等の祭祀の費用
③ 葬式費用、香典返しの費用

④　相続税申告のため、税理士などへ支払う手数料
⑤　相続税物納のための測量費用
⑥　相続登記のための司法書士へ支払う登記費用等
⑦　④、⑤、⑥の手続きのために必要な資料代（不動産の登記簿謄本、固定資産評価証明書、相続人の戸籍謄本、住民票、印鑑証明書等）
⑧　相続人間で遺産分割についてもめた場合の弁護士費用

▶相続税試算は重要

　生前に相続税の申告をすることは不可能ですが、相続税の試算はできます。前もって税理士に、相続財産の洗い出しや相続税の概算を計算してもらうことは非常に重要です。

　概算の相続税を生前に把握することにより、納税資金をどのように捻出するかを生前に考えることができます。

　その結果、物納という納税方法しかないとされれば、生前に後述の測量に着手できます。

　相続財産の内容とその価額を把握することにより、将来の遺産分割を生前に考えることができます。将来遺産分割がもめそうであれば、生前に遺言の作成を弁護士へ依頼するなり、分割のための費用を事前に支払うことができます。こうして相続発生後のトラブルを事前に回避することにより、相続人の余計な費用負担を減らすことができます。

　相続発生後は、あらかじめ相続人も税理士もその概要を把握しているので、申告作業もスムーズに進めることができます。

▶物納のための費用

　納税のひとつとして土地の物納があります。土地の物納をする場合、かならず発生する費用が土地の測量費用です。この測量費用は土地の面積や形状によっても異なりますが、最低でも200万円から300万円程度は請求されます。測量の済んでいない土地については、物納はできませんので、生前に物納する土地を決めたら、物納の条件に合致するよう土地の整備を進めておくことです。

［相続発生後にやるべきこと］

▶遺産分割のための費用

　民法上では、分割協議の期限の定めはないため、相続人間でもめた場合は、いつまでももめ続けるということになりかねません。このような場合はたいてい弁護士に依頼することになります。この弁護士報酬の負担はかなり大きいものです。そこで、生前に相続人間で遺産分割でもめそうなことを察知できる場合は、弁護士へ遺言の作成を依頼し、遺言の作成費用等は被相続人に負担してもらうべきです。

▶老朽化した自宅の修理費

　相続発生後に配偶者の方に重い負担がかかるものに、自宅の修繕費があります。年齢を重ねるとともに自宅も老朽化しているのですが、相続発生後の相続税の負担で大変なときに自宅があちこち壊れ始めて修繕をしなければならないケースをよく見受けます。また、不動産賃貸物件についても同じことがいえます。自宅であれ、賃貸用であれ、不動産を所有されている場合は、現在または近い将来、その修繕が必要かどうか検討することが必要です。必要と判断した場合には、生前に修繕を実施し、現金を修繕費として使ってしまうことにより、相続発生後に生じるであろう費用の前払いをすることができます。

▶経理処理の有無

　相続申告のための税理士報酬、分割協議のための弁護士費用等、相続に関する費用はいっさい経費とすることはできません。相続は個人から個人への移転ですので、所得を得るための行為ではないからです。ただし、平成17年1月1日以後に相続、遺贈または贈与により業務用資産を取得した場合には、一定の登記費用が経費となります。たとえば、マンションを賃貸していた方が亡くなり、相続人がそのマンション賃貸業を引き継ぐ場合に、その賃貸マンションの相続に際して支払った登録免許税は必要経費に算入されます。

事前対策をやらないとこんなに損

[相続人] 子ども1人　　[相続財産] 5億円
基礎控除のみで、生命保険金、死亡退職金はないものとする。

❶ 次の非課税財産を生前に購入した場合と購入しなかった場合の税額比較

墓地　　　　1,000万円
仏壇　　　　　300万円

①購入しなかった場合　　　　　相続税　　　1億9,000万円
②購入した場合　　　　　　　　相続税　　　1億8,350万円
相続税は650万円違います。

❷ 遺産分割遺言の作成や測量を生前に行った場合

弁護士費用　　600万円
測量費用　　1,000万円

①生前に行わなかった場合相続税　1億9,000万円
②生前に行った場合　　　　　　相続税　　　1億8,200万円
相続税は800万円違います。

❸ 自宅の修繕を生前に行った場合

修繕費用　　2,000万円

①生前に行わなかった場合相続税　1億9,000万円
②生前に行った場合　　　　　　相続税　　　1億8,000万円
相続税は1,000万円違います。

節税のポイント
1. 亡くなった後に発生する費用はできるだけ生前に。
2. 墓地、祭祀の費用はできるだけ生前に。
3. 物納の準備もできるだけ生前に。

[Part 4]

まだまだあきらめないで！
相続発生後対策

34 配偶者の税額軽減

配偶者が相続すれば大幅に軽減

法定相続分または1億6,000万円まで非課税になる

チェックポイント
① 配偶者が取得すれば相続税がゼロになることもあるのか？
② 遺産争いをしていて未分割の場合はどうなるか？
③ 財産隠しをするとどうなるか？

▶配偶者の税額軽減とは？

「配偶者の税額軽減」とは、被相続人の配偶者が相続・遺贈により財産を取得した場合、取得した財産の価額が、法定相続分（1億6,000万円に満たない場合は1億6,000万円）に達するまで配偶者に対する相続税が非課税になる制度です。相続人に配偶者がいる場合は、配偶者がなるべく財産を多く取得すれば相続税は安くなります。

配偶者の税額軽減は次のように計算します。

相続税の総額×配偶者の課税価格／課税価格の合計額

配偶者の課税価格は、法定相続分を限度とし、この金額が1億6,000万円未満の場合は1億6,000万円です。

具体例として、3パターンの相続例を紹介してみます（161ページの**❶**〜**❸**を参照）。

［配偶者の税額軽減の特殊事例］

▶遺産が未分割の場合

相続税の申告期限までに、誰が相続するか決まっていない未分割の財産がある場合には、その財産については配偶者の税額軽減の適用はありません。

ただし、申告期限から3年以内に遺産分割が確定した場合は、修正申告等をして配

偶者の税額軽減を受けることができます。

なお、未分割の場合は期限内申告書を提出するときに一定の書類を提出する必要があります（後述）。

財産が未分割の場合、税額軽減はいくらになるか見てみましょう（161ページの❷参照）。

▶財産隠しがあった場合

相続税の申告をする際に、故意に財産を隠して（隠蔽）申告しなかった、あるいは不当に安く申告した（仮装）ような場合は、その財産については、配偶者の税額軽減を受けることができなくなります。

この場合は延滞税、加算税のペナルティ（付帯税）が併せて課税されてしまいます。

隠蔽・仮装があった場合の具体例を見てみましょう（161ページの❸を参照）。

［申告期限までに申告書を提出］

▶申告をすることが必要

この規定は、相続税の申告書（期限後申告書及び修正申告書等を含みます）に、
①配偶者の税額軽減の規定の適用を受ける旨
②その計算に関する明細
を記載し、かつ、後述する書類を添付して提出することが適用要件となります。

つまり、配偶者の税額軽減を使って相続税を計算した結果、納税額がでないような場合でも、相続税の申告はしなければなりませんのでご注意ください。

また遺産の全部または一部が、共同相続人、または包括受遺者によって分割されていない場合において、将来分割が確定したときに、配偶者の税額軽減の適用を受けようとするときは、期限内申告書に、
①将来分割が確定したときに配偶者の税額軽減の適用を受ける旨
②分割されていない事情
③分割の見込みの詳細
を記載した書類（申告期限後3年以内の分割見込書）を添付して提出することが必要です。

▶申告書に添付する書類

　添付する書類は次の2つ（遺産が未分割の場合は前述の申告期限後3年以内の分割見込書を合わせて3つ）になります。
①被相続人のすべての相続人を明らかにする戸籍謄本
　（相続開始の日から10日を経過した日以後に作成されたものに限ります）
②遺言・遺産分割協議書の写し
　遺産分割協議書にその相続にかかるすべての共同相続人及び包括受遺者が自署し、自己の印を押しているものに限ります。また、その自己の印は、住所地の市区町村長の印鑑証明書が添付されたものに限ります。
　なお、遺産分割協議書は、共同相続人または包括受遺者が制限行為能力者（判断能力を欠くまたは不十分である者）である場合には、その者の特別代理人や法定代理人がその者に代理して自署し、その代理人の印鑑証明書を添付したものでなければなりません。
　そのほか、財産の取得の状況を証する書類（生命保険金や退職金の支払通知書など。財産が調停などにより分割された場合には、その調停の調書など）が必要です。
　修正申告書を提出する場合、一般的には税額が増加するときに提出しますが、相続税における配偶者の税額軽減の特例は、申告を要件として認められることから、相続税の配偶者軽減の適用においては納付すべき相続税額が算出されない場合であっても納付税額0円の修正申告書を提出することができます。
　つまり、隠蔽・仮装をしない限り、適正に申告をすれば、配偶者の税額軽減は修正申告の場合にも有効ということです。

配偶者の税額軽減

1 申告期限内に遺産分割した場合

(単位:千円)

相続人	配偶者	長男	長女	合計
財産	300,000	100,000	100,000	500,000
債務	△100,000	−	−	△100,000
課税価格	200,000	100,000	100,000	400,000
算出税額	46,100	23,050	23,050	92,200
税額軽減	△46,100	−	−	△46,100
納税額	0	23,050	23,050	46,100

2 遺産が未分割の場合

(単位:千円)

相続人		配偶者	長男	長女	合計
財産	分割	100,000	−	−	100,000
	未分割	150,000	125,000	125,000	400,000
債務(未分割)		△50,000	△25,000	△25,000	△100,000
課税価格		200,000	100,000	100,000	400,000
算出税額		46,100	23,050	23,050	92,200
税額軽減		△23,050	−	−	△23,050
納税額		23,050	23,050	23,050	69,150

3 遺産を隠蔽・仮装した場合

(単位:千円)

相続人		配偶者	長男	長女	合計
財産	通常の申告	120,000	100,000	100,000	320,000
	隠蔽・仮装	180,000	−	−	180,000
債務		△100,000	−	−	△100,000
課税価格		200,000	100,000	100,000	400,000
算出税額		46,100	23,050	23,050	92,200
税額軽減		△2,909	−	−	△2,909
納税額		43,191	23,050	23,050	89,291

※加算税等の付帯税は考慮しておりません。

節税のポイント

1. 配偶者の税額軽減を受けるには期限内の分割が必要。
2. 期限内に分割が終わらないときは「3年内分割見込書」を添付する。
3. 一次相続、二次相続のトータルの税負担で軽減するためには一次での配偶者の相続する額がポイント。

35 小規模宅地等の特例

二世帯住宅は優しく改正されたのでしょうか！

使い勝手のよくなった小規模宅地等の特例

チェックポイント

① 完全分離型二世帯住宅の取り扱いが改正されました。
② ただし区分所有登記されている二世帯住宅は要注意です！
③ 内階段のある区分所有登記建物はどうなるのでしょうか？

▶二世帯住宅の取り扱い

　平成25年度の税制改正により特定居住用に関して小規模宅地等の特例が改正されました。

▶従来の取り扱い

　平成25年までの取り扱いを見てみましょう。従来の完全分離型の二世帯住宅は、建物の中で1階と2階が行き来できる内階段がある場合にのみ同居とみて、子どもがその敷地を取得した場合に、その敷地全体に小規模宅地等の特例の適用がありました。しかし、その建物の外階段で1階と2階を行き来する場合には、1階と2階の両方に同居していないということになり、子どもが敷地を取得してもその敷地全体に適用はないという取り扱いになっていました（165ページの**1**参照）。

　たとえば1階に父が住んでいて、2階に子どもが住んでいても、外階段の場合には1階と2階が建物の中で行き来できないので同居ではないと考えられていたからでした。

　これに対してその内階段、外階段という構造上の違いにより、小規模宅地等の特例の適用を区分することに対する批判があり、その部分を改正することになりました。

［建物の中で行き来ができなくてもOK］

▶どのように改正されたか！

　平成26年1月1日以降の相続からは次のように改正されました。

　完全分離型の二世帯住宅につきましては、建物の中の内階段がなく外階段であっても、その建物のどの部分、1階でも2階でもその建物の屋根の下に住んでいれば同居と見てくれるように改正されました。つまり、敷地全体330㎡まで80％減額できることになりました（165ページの**2**参照）。

　これは今までとは同居の概念が変わったからです。

　改正前は「家屋の中」にいることが同居という概念でしたが、改正後は同じ屋根の下、つまり「建物の中」というかなり広い概念に変わったからなのです。

▶ただし区分所有登記建物は要注意！

　完全分離型建物で、しかも外階段であっても1階と2階が行き来できれば同居とみてくれることになったのですが、ただ一つだけ条件が入りました。

　それは、その完全分離型の建物が区分所有登記されている区分所有建物である場合には、対象外となっていることです。

　区分所有建物とは、たとえば2階建ての建物を建てた場合に、資金負担の関係で、1階部分は父がお金を出したので父の所有とし、2階部分は子どもがお金を出したので子どもの所有と登記されている建物をいいます。

　この建物を横に倒した場合をイメージしてください。つまりその敷地に二つの建物（父親の建物と子どもの建物）が存在することになります（165ページの**3**参照）。

　こうなりますと、その敷地は別々の建物の利用になっているので敷地全体を減額できなくなってしまうのです。

［二世帯住宅における検討事項］

▶では内階段のある二世帯住宅はどうなるのでしょうか？

〇二階建て
〇完全分離型の建物

○区分所有登記になっている
○1階は父所有、2階は子どもが所有
○内階段あり（外階段ではない）

　内階段があれば1階と2階を自由に行き来できます。

　今回の改正は確か、「内階段があればいいですよ！」「外階段ではだめですよ！」ということを解消するために外階段でもよくなったハズでした。

　そうであれば、従来認められていた内階段の建物が今回の改正で結果的にダメになってしまったのでしょうか？

　条文等をそのまま読んで行きますと、結果的には難しいということになりそうです。

　しかし、たとえば1階と2階の区分所有登記がされている建物であっても、1階と2階が自由に行き来できて、1階部分には親の寝室があり、2階部分には子どもの寝室があるような建物はどうなるのでしょうか。

　しかも、1階にお風呂と台所があり親子が一緒に生活をしているような状態であれば同居と考えることもできるのではないでしょうか。

　かなり限定的ですが、このような考え方をする専門家もいるようです。

　このような場合にはその建物全体で生活をしていると言えるからです。

　この点については、まだいろいろと議論がありそうです。

[Part 4] まだまだあきらめないで！ 相続発生後対策

解説 35 同じ建物の中にいれば同居親族

❶ 改正前は家屋内で行き来ができないとダメ

【改正前の取り扱い】

内階段があり、1Fと2Fで行き来ができる二世帯住宅で、長男が自宅敷地を相続により取得した場合

内階段がなく、外階段のみの二世帯住宅（完全分離型）で、長男が自宅敷地を相続により取得した場合

長男は同居親族に該当するものとして、敷地全体が小規模宅地等の特例の対象となります。

長男は同居親族に該当しないものとして、敷地全体が小規模宅地等の特例の対象にはなりません。

❷ 改正後は同じ建物の中であればOK

内階段がなく、外階段のみの二世帯住宅（完全分離型）で、長男が自宅敷地を相続により取得した場合
※区分所有登記されていないことが前提となります。

【改正前】　　　　　　　　　【改正後】

長男は同居親族に該当しないものとして、敷地全体が小規模宅地等の特例の対象にはなりません。

長男を同居親族とみなして長男夫婦が居住していた部分も含め敷地全体が小規模宅地等の特例の対象となります。

❸ 同じ建物でも区分所有登記の建物は制限あり

完全分離型で区分所有登記がされている建物

別々の建物の利用になるものとして、敷地全体が小規模宅地等の特例の対象にはなりません。

節税のポイント

1. 二世帯住宅についての小規模宅地等の特例が使いやすくなった。
2. 完全分離型の二世帯住宅であっても敷地全体が対象に！
3. 親子間でのプライバシーを保ちながらの節税が可能になった。

36 第二次相続対策

二次相続税は高い

一次相続の分割では二次の相続も考えておこう

チェック
ポイント

① 二次相続の税負担が重くなるのはなぜか？
② 二次相続におけるトラブル回避策とは？
③ 妻の固有財産と二次相続対策との関係とは？

▶二次相続とは何か？

　二次相続とは、夫の相続により財産を取得した妻に相続が起きたときのことをいいます。相続税の負担から考えると、二次相続では「配偶者の税額軽減」特例が使えないために非常に負担割合が重くなります。

　二次相続は、税金の負担だけでなく、遺産分割のトラブルも起こりやすく注意が必要です。

　一次相続のときは、故人の配偶者である妻が生きているため、子どもたちも母親の意見や立場を尊重して円満にまとまることが多いと考えられます。しかし、二次相続のときは、一次相続のときの分割に不満のある兄弟の主張が強くなり、調整役である母親もいないことからトラブルになるケースも多いようです。

［トラブルを防ぐためには］

▶一次相続のときに二次相続対策を

　一次相続の分割のときに、将来の二次相続を考えた分割をしましょう。

　たとえば、相続人が妻と長男と次男のケースで、A土地とB土地がある場合、はっきりした意思表示や争いを避ける意味で全員の共有とすることが実際にも見受けられますが、将来のことを考えると賛成できません。

A土地は母親と長男、B土地は母親と次男に分割して、もし母親に相続が起きたら、A土地は長男、B土地は次男というような話し合いをしておくことがトラブル防止となります。

　また、兄弟が多く一次相続のとき、長男の権威で同居の母親の協力をえて、長男が他の兄弟の主張をあまり聞かず分割したような場合には、二次相続のときに強い主張がきます。

　二次相続のときに、他の兄弟にもある程度の十分と思われる財産を分割して、母親のいるときに母親の相続のときには分割する財産は少ないという兄弟間の合意や確認をとっておくこともトラブル防止法です。

　一次相続のとき、他の相続人に不満があると思われるような場合には、母親に公正証書遺言の作成を依頼しておくことも必要となってきます。

　一次相続の分割に長い期間を要することや、分割後、兄弟間の付き合いがなくなるようなことにはしたくはありません。遺言の重要性は、一次相続よりも二次相続のときのほうが増します。

▶納税も二次相続を考えて

　相続税の納税方法には、いろいろな種類があります。

　現金・預金がある場合には、現金納付となりますが、相続財産が不動産中心の場合には、現金納付ができません。土地を物納する方法、土地を担保に延納する方法があります。

　また、場合によっては、土地を売却して売却代金で納付する方法で、一括納付する方法もあります。

　一次相続税を、どの方法で納税するかは、将来の二次相続の分割を考えて選ぶことも重要です。

［妻に固有の財産があるとき］

▶税負担が大きくなる

　二次相続を考えたとき、妻に固有の財産があるかどうかも重要なポイントとなります。

　妻に固有の財産がないときは、一次相続のときに「配偶者の税額軽減」を活用して、

妻が法定相続分（普通は50％）まで相続したほうが、相続税の負担は少なくなります。

ところが、妻に固有の財産がある場合には、二次相続のときに、夫の財産の50％を相続すると、二次相続である妻の相続のときには、妻が本来持っていた妻名義の財産に、夫から相続した財産の合計額が相続税の対象となり、相続税の負担が大きくなります。

具体例で説明します。

夫の財産4億円、妻の財産2億円、家族は長男と次男の子ども2人で考えます。

▶一次相続を分割する

一次相続のときの、相続税の総額は、9,220万円となり、子どもだけですべての財産を相続したときの相続税は9,220万円です。妻が50％子どもが50％相続したときの相続税は4,610万円となります。

次に、二次相続のときは、妻が夫の財産を取得しないときの相続税は、妻の固有の財産2億円が対象となり、相続税は3,340万円です。妻が夫の財産を取得したときは、妻の固有財産と夫よりの相続財産2億円の合計額4億円が相続税の対象となり、二次相続のときの子どもが負担する相続税は1億920万円です。

以上をまとめますと、夫婦の財産6億円を次の世代である子どもたちに承継するための相続税というコストは、一次相続のとき妻が相続しないと、9,220万円＋3,340万円＝1億2,560万円です。しかし、一次相続のとき妻が50％相続すると、4,610万円＋1億920万円＝1億5,530万円です。差額の2,970万円、妻が一次相続のときに何も相続しないほうが有利となります。

妻に固有の財産があるときは、二次相続のことを考えて、一次相続の分割を工夫することが必要となります。

トラブルを防ぐ二次相続

妻に固有の財産があるときの税額の比較

【前提条件】
夫の財産　　４億円　　妻の財産　　２億円
家族構成　　妻　子ども２人（長男、次男）

①一次相続のとき妻は相続せず、子どもが100％相続

一次相続	妻	0円	子ども	4億円	税	9,220万円
二次相続			子ども	2億円	税	3,340万円
合計金額	妻	0円	子ども	6億円	税	1億2,560万円

②一次相続のとき妻が相続財産の50％、子どもが50％相続

一次相続	妻	2億円	子ども	2億円	税	4,610万円
二次相続			子ども※	4億円	税	1億920万円
合計金額	妻	2億円	子ども	6億円	税	1億5,530万円

※二次相続の子ども４億円は、妻固有２億円＋妻が夫より相続２億円

節税のポイント
1. 二次相続は、税負担が一次相続より多額となります。
2. 二次相続は、遺産分割に関するトラブルが起きやすい。
3. 妻に固有の財産があるときは、一次相続の分割に留意する。

37 相続税の取得費加算

相続財産の売却は3年以内が有利

納付した相続税が譲渡所得の取得費に加算される

チェックポイント

① 適用は申告期限からいつまでか?
② 対象となる資産とは?
③ 3年以内に売却できない場合は?

▶取得費加算とは?

　相続や遺贈により財産を取得した人が、その財産を相続税の申告期限の翌日から3年以内（相続開始の翌日から3年10カ月以内）に売却した場合、その人が納付した相続税の額のうち一定額が譲渡所得税の計算上、取得費に加算されます。
　この場合の譲渡所得の計算式は次の通りです。

譲渡所得＝譲渡代金－（取得費＋取得費加算額）－譲渡費用

［相続で取得した財産を売却するときの特例］

▶対象となる財産とは?

　相続により取得した財産はすべて適用対象となります。
①土地・借地権（以下、「土地等」と言います）
②土地等以外の財産
　とで取得費に加算する金額の計算式が異なります。
（1）土地等の場合
［平成27年1月1日以後に開始した相続の場合］
　その者の相続税額×その者が譲渡した土地等の相続税評価額／その者が相続した財

産の相続税の課税価格（債務控除前）

[平成26年12月31日以前に開始した相続の場合]

その者の相続税額×その者が相続した土地等の相続税評価額の合計額／その者が相続した財産の相続税の課税価格（債務控除前）

では、譲渡する資産が土地である場合を具体例で確認してみましょう（172ページの❶参照）。

（2）土地等以外の資産の場合

その者の相続税額×譲渡した資産の相続税評価額／その者が相続した財産の相続税の課税価格（債務控除前）

では、譲渡する資産が建物である場合を具体例で確認してみましょう（172ページの❷参照）。

このように納付した相続税を取得費に加算することで譲渡所得の軽減を行うことができます。また売却した財産が土地等であり、平成26年12月31日以前に開始した相続の場合、取得費の加算額が大幅に増えるため、十分な節税効果が期待できます。

▶3年以内に売却できない場合は？

取得費加算の特例は、相続税の申告期限の翌日から3年以内に譲渡しないと適用がないことは前述の通りです。しかし、様々な事情により3年以内に思うように財産を売却できない場合もあります。

そのような場合には、同族会社等にいったん財産を譲渡する方法もあります。同族会社等に譲渡した場合でも取得費加算の特例が適用され、譲渡所得の軽減を図ることは可能となり、相続税の納税資金を確保すること等ができます。ただし、この方法を活用する場合、同族会社等に譲渡した際に不動産取得税や登録免許税がかかります。また、財産を取得する資金を同族会社等は用意する必要があります。

なお、同族会社等へ売却する際には、適正な時価で売却することが重要です。取得費加算の特例やコラムに記載した空き家に係る譲渡所得の特別控除の特例（取得費加算とは選択適用です）を上手に活用すれば、譲渡所得税の節税が図れ、手元に多くのお金を残すことが可能です。

取得費加算の特例の適用を受けるためには、確定申告書に一定の書類を添付しなければなりません。また遺産の分割が完了していなければ、取得費加算の特例の適用ができません。遺産の分割は円満に行うことが重要です。

解説37 取得費加算の特例を上手に活用しよう

❶ 譲渡した資産が土地等である場合

具体例　①納付した相続税額 …………………………………………2億円
　　　　②相続した土地等の相続税評価額の合計額 ………………4億円
　　　　③相続した財産の相続税の課税価格（債務控除前）………5億円
　　　　④土地の譲渡代金 ………………………………………… 1.5億円
　　　　⑤譲渡した土地の相続税評価額 ……………………………1億円
　　　　⑥譲渡した土地の取得費 ………………………………… 0.5億円

(1) 平成27年1月1日以後に開始した相続の場合
　　[取得費の加算額の計算]
　　2億円(①)×1億円(⑤)／5億円(③)＝0.4億円
　　[譲渡所得の金額の計算]
　　1.5億円(④)－{0.5億円(⑥)＋0.4億円}＝0.6億円
　　⇒**6,000万円が譲渡所得となります。**

(2) 平成26年12月31日以前に開始した相続の場合
　　[取得費の加算額の計算]
　　2億円(①)×4億円(②)／5億円(③)＝1.6億円
　　[譲渡所得の金額の計算]
　　1.5億円(④)－{0.5億円(⑥)＋1.6億円}≦0
　　⇒**取得費と取得費の加算額との合計額が譲渡代金を上回るため、譲渡所得は0円です。**

(3) 取得費加算の特例の適用がなかった場合
　　[譲渡所得の金額の計算]
　　1.5億円(④)－0.5億円(⑥)＝1億円　⇒**1億円が譲渡所得となります。**

❷ 譲渡した資産が建物である場合

具体例　①納付した相続税額 …………………………………………2億円
　　　　②相続した財産の相続税の課税価格（債務控除前）………5億円
　　　　③建物の譲渡代金 ………………………………………… 1.5億円
　　　　④譲渡した建物の相続税評価額 ……………………………1億円
　　　　⑤譲渡した建物の取得費 ………………………………… 0.6億円

[取得費の加算額の計算]
2億円(①)×1億円(④)／5億円(②)＝0.4億円

[譲渡所得の金額の計算]
1.5億円(③)－{0.6億円(⑤)＋0.4億円}＝0.5億円
⇒**5,000万円が譲渡所得となります。**

節税のポイント
1. 相続取得した財産の処分は相続開始の日の翌日から3年10カ月以内に！
2. 取得費加算の特例は大幅に譲渡所得税を軽減する。

column

空き家に係る譲渡所得の特別控除の特例を活用しよう

(1) 空き家に係る譲渡所得の特別控除の特例とは?

相続時から3年を経過する日の属する年の12月31日までに、被相続人の居住の用に供していた家屋を相続した相続人が当該家屋(耐震性のない場合は耐震リフォームをしたものに限り、その敷地を含む)又は、除却後の土地を譲渡した場合には、当該家屋又は除却後の土地の譲渡益から3,000万円を控除することができます。

(2) 適用要件は?

①平成28年4月1日から平成31年12月31日までの間の譲渡であること
②相続時から3年を経過する日の属する年の12月31日までに譲渡すること
③相続した家屋は、昭和56年5月31日以前に建築された家屋(区分所有建築物(マンション等)を除く)であって、相続発生時に、被相続人以外に居住者がいなかったこと
④譲渡をした家屋又は土地は、相続時から譲渡時点まで、居住、貸し付け、事業の用に供されていたことがないこと
⑤譲渡価額が1億円を超えないこと

[適用に関する留意点]
①取得費加算の特例とは選択適用です。
②耐震性を満たすことなどの要件につき、地方公共団体の長等の確認をした旨を証する一定の書類の添付が必要です。

38 土地の分割

土地評価は分割の仕方次第

土地の評価は原則、取得者単位及び利用単位で行う

チェックポイント

① 分割の仕方で評価が下がる土地はあるのか?
② 取得者ごとで評価すべきなのか?
③ 不合理な分割とは?

▶分割と土地評価

相続税法上の土地評価は原則、相続により取得した相続人ごとに行うことになります。したがって、遺産分割後の土地の状態により評価することになります。

一団の土地が、正面道路と裏道路の二道路に面しているケースで考えてみましょう。この土地を相続人のうち1人が取得した場合、この土地が一つの土地として評価されます。正面道路に裏道路の路線価を加味して土地を評価することになります。

ところが、土地を正面道路に面する部分と裏道路に面する道路に二分し、相続人二人でそれぞれ相続するようにすると、一方は正面道路に面する土地として評価、他方は裏道路に面する土地として評価することになります。

［分割により評価が下がる土地］

分割により土地を相続する場合、取得者である相続人ごとに土地評価を行うことになります。

一つの土地として評価するよりも、相続人間で分割したほうが、土地評価が下がるのは、次のようなケースです。

①路線価の高い道路と路線価の低い道路の二面に面している土地

このような土地は、路線価の高い道路に面した土地と、路線価の低い道路に面した

土地に分割することで、土地評価を引き下げることができます。

　一つの土地として評価した場合、その土地はすべて路線価の高い道路に面しているとして評価されます。しかし、分割することにより、一方の土地は路線価の高い道路の影響はなく、路線価の低い道路に面する土地として評価されることになります(177ページ参照)。

②一つの道路にのみ面している土地で奥行きが長い土地

　このような土地は一体で利用することもありますが、場合によっては、道路に面する土地とその奥の土地、ただし、道路は無道路ではなく土地が面している道路に接道義務を満たすようにします。

　そのことで、奥の土地評価について、不整形土地として評価され、評価額が下がることになります。

③広い土地で分割により有効活用ができそうな土地

　広い土地については、分割により取得者を分けた場合、取得者ごとに土地を評価することになります。通常、分割にしたほうが評価上有利にもなりますし、分割したほうが有効活用しやすい土地であれば、相続人間で共有持分にするよりも、分割した上で単有にする方が相続後の土地活用もスムーズにいきます。

　なお、広い土地については、相続税法上は「広大地」として評価される場合があります。広大地とは、その地域における標準的な宅地の面積に比べて著しく面積が広大な土地で、開発行為を行おうとした場合、公共公益的施設用地として相当規模の負担が必要と認められる土地をいいます。

［不合理な分割とは］

　前述しましたように、土地はその取得者ごとに評価するのが原則です。しかし、その分割が親族間等や同族会社間で行われた場合において、たとえば分割後の土地が通常の用途に供することができないなど、著しく不合理であると認められるときは、取得者ごとの評価ではなく、分割前の土地として評価することになります。

　具体的には次のようなケースです。

①現実の利用状況を無視し、著しく面積が狭い土地を創出するような分割

　相続時500㎡ある土地を、10㎡と残り490㎡に分割するような場合、10㎡で通常の用途に供することは考え難いです。たとえ10㎡は相続人Aさん、残り490㎡は相続人

Bさんが相続したとしても、評価上は分割前の500㎡を一つの土地として評価することになります。

②無道路地を創出するような分割

　1つの道路に面する土地を、道路に沿って分割し、一方の土地を道路に面しない無道路地とするような分割です。無道路地は、道路に面していないため、相続税評価も低くなりますが、通常このような分割に合理的理由はなく、分割前の土地として評価が行われます。

③四角い土地を対角線に沿って分割するような分割

　対角線に沿って分割すれば、土地は三角形状の土地が二つできることになります。三角形の土地は、通常の用途に供することは困難で、また、不整形な土地となりますので、相続税法上、評価が低くなります。

　このような分割は土地の評価を不当に引き下げ、実態に則した評価がなされないことになります。結果として相続税を下げることになり、正当な課税が行われないことになります。このような租税回避を防止する措置として、不合理分割が行われた場合には、分割前の土地として評価します。

　不合理な分割として前記のケースを取り上げましたが、これらのケース以外でも、帯状地、不整形地、奥行短小な土地、接道義務を満たさないような間口狭小な土地を創出するような分割は、分割時のみならず、将来においても土地の有効利用が図れず、通常の用途に供することができない、著しく不合理な分割と認められるため、分割前の土地として評価されることになります。

　この取り扱いは、相続の際の分割だけでなく、土地を不合理に分割し生前に贈与をしている場合も、相続時には分割前の土地として評価されることになります。

解説38 分割の仕方で土地評価が変わる

二方路線に面している土地の場合

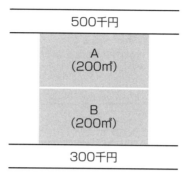

❶ A宅地、B宅地を相続人1人で取得する場合の評価額

400㎡×(500千円+300千円×0.02)＝2億240万円
(0.02は、二方路線影響加算率(普通住宅地区))

❷ A宅地、B宅地を分割して相続人2人で取得する場合の評価額

①Aの評価額　　500千円×200㎡＝1億円
②Bの評価額　　300千円×200㎡＝6,000万円
③AとBの合計　1億円＋6,000万円＝1億6,000万円

❸ 1と2の比較

2億240万円−1億6,000万円＝4,240万円
※奥行価格補正率等は考慮していない

節税のポイント

1. 相続発生後、土地を分割する際にかかる測量及び登記等の費用は、相続財産から控除することはできない。
2. 生前に分割をした場合、測量等の費用相当分は相続財産が減少することになり、相続税の負担が軽減される。
3. 生前に分割をした場合、物件が特定され、遺言の作成や遺産分割協議をスムーズに進めることができる。

39 売却予定の居住用不動産
遺産分けは慎重の上にも慎重に！

自宅の遺産分割は近い将来をみすえて！

チェックポイント

① 8割引き減額の特例とは？
② 3,000万円特別控除の特例とは？
③ 共有と特別控除の関係は？

▶8割引きの減額の特例

　自宅を配偶者が相続で取得したり、同居している子どもが相続で取得し一定の要件を充たした場合などには、相続税の特例があります。

　それが「特定居住用の小規模宅地等の特例」と言われているものです。それは、居住用財産としての最低限度のスペースについての相続税を軽減しようとの趣旨です。

　その内容は、330㎡（約100坪）まで80％割引きしてくれますので、何と20％のみが課税対象となるだけです。あくまでも330㎡までがこの特例の対象です。

　400㎡のご自宅の場合には、そのうちの330㎡のみが減額対象であり、それを超える70㎡については通常の評価になります。

［3,000万円特別控除を活用しよう］

▶税金がかからないケース

　自宅を所有している人がその自宅を売却する場合には、住み替えるのが一般的です。したがって、その住み替えの障害にならないようにとの配慮から一定の要件を充たした場合3,000万円まで売却益がなかったものとしてくれます。

　Tさんは、以前3,000万円で購入した建売住宅を、今回6,000万円で売却しました。さて、税金はいくらでしょうか？

答えは0円、1円も税金はかかりません。

ただし、この特例は税金がゼロであっても、申告しなければなりませんので注意してください。

▶さらに税金が軽減される

さらに、その自宅の所有期間が売却した年の1月1日現在で10年超（買ってから11回新年を迎えると覚えておくとよい）の場合には、一定の要件を充たした場合、低率分離課税となっており、一般の長期譲渡所得より税金が安くなっています。

その3,000万円控除後の売却益のうち6,000万円までの部分については14.21％（所得税10％、復興特別所得税0.21％、住民税4％）それを超える部分については20.315％（所得税15％、復興特別所得税0.315％、住民税5％）となります。

この低率分離課税は、あくまでも、土地も建物も10年超所有が前提ですので、どちらかが10年超にならない場合には低率にはなりませんので注意してください。

次にSさんは、20年前に3,000万円で購入した自宅を今回8,000万円で売却しました。

この税金はいくらでしょうか。

答えは、約284万円です（細かい経費は考慮しないものとします）。

8,000万円－3,000万円＝5,000万円

5,000万円－3,000万円（特別控除）＝2,000万円

2,000万円×14.21％＝約284万円

このように、居住用財産の譲渡は、一般長期譲渡と比較してかなり優遇されています。

［共有で相続した場合］

▶こんなに優遇されている

ここまでみてきたように、自宅の売却にはかなりの特例があります。たとえば、母親と子どもが共有で相続しそこに同居していた自宅を11年後に売却したらどうでしょうか。

この場合には、各人が3,000万円特別控除を使えますから、合計の売却益6,000万円まで税金がかかりません。

「土地も建物も同居している母親と子どもがそれぞれ2分の1ずつ所有している」など、共有で保有していることが要件です。

〈具体例〉
　具体的には、今回住み替えのために自宅を1億円で売却することになりました。この自宅は生前父親が2,000万円で購入しました。もちろん建売です。
　この場合には税金はいくらでしょうか。
　答えは、1人約142万円で2人合わせても約284万円となります（細かい経費は計算上入れていません）。
(10,000万円－2,000万円)×1／2＝4,000万円
＜1人＞
4,000万円－3,000万円＝1,000万円
1,000万円×14.21％＝約142万円
＜2人＞
約142万円×2＝約284万円
　ここでは建物が2人の共有ですが、そこに居住している建物所有者でしたら、何人でも3,000万円特別控除がとれます。
　ただし、小規模宅地等の特例は同居親族の場合申告期限までは所有居住が要件となりますので留意してください。

※説明の便宜上、文中及び図表の計算には、建物の減価償却費や譲渡費用等は考慮していません。

[Part 4] まだまだあきらめないで！相続発生後対策

売却予定の居住用不動産は共有で相続する

❶ 特定居住用の小規模宅地等の特例

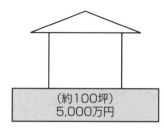

課税対象額
5,000万円－4,000万円＝1,000万円
※5,000万円×80％＝4,000万円

（約100坪）
5,000万円

❷ 3,000万円特別控除

売却益ゼロ

| 取得価額 3,000万円 | 特別控除 3,000万円 |

売却益 3,000万円

売却価額　6,000万円

❸ 3,000万円特別控除後の低率分離課税

売却益

| 取得価額 3,000万円 | 特別控除 3,000万円 | 2,000万円 |

売却価額　8,000万円

6,000万円以下の部分　14.21％

節税のポイント
1. 居住用不動産については、長期・短期関係なく3,000万円控除できる。
2. 10年超所有の居住用不動産であれば、さらに低率課税が適用される。
3. その居住用不動産の建物が2人の共有であれば、合計6,000万円控除できる（共有者の人数×3,000万円）。

40 未分割申告

遺産分けのもめごと

10カ月以内に遺産分割がまとまらなかったら損！

チェックポイント
① 遺産分割が申告期限までにまとまらないとどうなるのか？
② 万が一、申告期限内に分割協議が整わない場合には？
③ 相続について訴えや和解の申し立て等がされた場合には？

▶遺産分割がまとまらないと…

適用を受けられない特例として、①配偶者に対する相続税額の軽減、②小規模宅地等についての課税の特例、③農地等の納税猶予の課税の特例などがあります。

配偶者の税額軽減、小規模宅地等の特例については、原則として申告期限までに遺産分割することが必要です。

「申告期限後3年以内の分割見込書」を提出することによって、申告期限から3年以内に分割された場合には、特例の適用を受けることができます。相続税の農地等の納税猶予については、申告期限までに分割されない場合には、特例を受けることができません。

［遺産分割協議がまとまらなかったときの損とは？］

▶配偶者に対する相続税額の軽減

この特例を適用しますと、配偶者の取得した財産が遺産総額の2分の1（法定相続分）か、1億6,000万円のいずれか多い金額までなら、原則として税額はゼロになります。

しかし遺産分割が申告期限までにまとまらず未分割の場合には、この特例を適用できません。配偶者も相続税をとりあえず支払わなければならず、税負担も高くなり、損をすることになります。具体例で説明してみましょう。

家族構成が夫、妻、子どもで、相続財産が5億円の場合に、夫が死亡したとします。
（1）遺産分割が完了した場合
　妻が相続財産の2分の1までの相続ですと、納付税額はゼロとなり、全体の税額は7,605万円となります。
（2）遺産分割が未了の場合
　配偶者の軽減はされず、全体の納付税額は1億5,210万円となります。

▶小規模宅地等の特例

　この特例を選択しますと、被相続人等の居住用または事業用の土地のうち、330㎡（または400㎡）までの部分については80％の減額が、不動産貸付業の土地の場合には、200㎡までの部分については50％の減額ができます。
　しかし、どの敷地で、誰が、この適用を受けるかが決まっていなければ、特例を適用することはできず、とりあえず税負担も高くなり損をすることになります。
　小規模宅地等の特例について具体例で説明してみましょう。
　被相続人の居住の用に供されていた宅地等（330㎡、相続税評価額1億円）を配偶者が取得したとします。
（1）遺産分割が完了した場合
　評価額1億円×80％＝8,000万円が減額されます。したがって、当該対象宅地の課税価格は2,000万円ということになります。
（2）遺産分割が未了の場合
　減額が認められないため、当該対象宅地の課税価格は1億円となります。

［どうしても期限内に分割がまとまらない場合には？］

▶期限内にまとまらない

　相続税の申告期限内に分割がまとまらない場合に、配偶者に対する相続税額の軽減、小規模宅地等の特例を受けようとする際には、次の書類を税務署に申告書とともに提出します。

(1) 遺産の全部または一部が共同相続人または包括受遺者によって、まだ分割されていない場合に、その申告書の提出後に分割される遺産について相続税額の軽減の適用を受けようとするときは、申告書にその旨ならびに分割されていない事情及び分割の見込みの詳細を記載した書類「申告期限後3年以内の分割見込書」を添付しなければいけません。
(2) 配偶者税額軽減の適用を受けるためには、期限後申告及び修正申告においても、この適用を受ける旨及びその計算に関する明細を記載し、以下の書類を添付します。
　①戸籍謄本
　②遺産分割協議書の写し
　③印鑑証明書
　④そのほかの財産の取得状況を証する書類
　⑤申告期限後3年以内の分割見込書

▶3年以内にまとまらない

　申告期限から3年を経過する日までに、相続についての訴えや和解の申し立てがされたこと等により分割されない場合には、3年を経過した日から2カ月以内に税務署長に申請書を提出することにより、これらの事由が完結した日の翌日から4カ月以内に分割されれば更正の請求により特例の適用を受けることができます。

▶農地等の納税猶予の課税の特例

　農業相続人が相続税の納税猶予を受ける場合には、申告期限内の分割を要件としています。
　配偶者に対する相続税額の軽減、小規模宅地等の特例のように、申告期限後3年以内に分割がまとまれば適用できる、というものではありません。したがって、この特例の適用を受けようとする場合には、期限内に分割協議をまとめる必要があります。

未分割申告はこんなに損

❶ 配偶者の税額軽減

①申告期限までに分割された場合

　　→期限内申告書を提出

②申告期限から3年以内に分割された場合

　　→申告期限内に期限内申告書と3年以内分割見込書を提出するのを前提に、分割時には更正の請求書または修正申告書を提出

③相続について訴えや和解の申し立て等がされた場合

　　→分割可能な日の翌日から4カ月以内に更正の請求書または修正申告書を提出

❷ 小規模宅地等の特例

①申告期限までに分割された場合

　　→期限内申告書を提出

②申告期限から3年以内に分割された場合

　　→申告期限内に期限内申告書と3年以内分割見込書を提出するのを前提に、分割時には更正の請求書または修正申告書を提出

③相続について訴えや和解の申し立て等がされた場合

　　→分割可能な日の翌日から4カ月以内に更正の請求書または修正申告書を提出

❸ 農地等の納税猶予の課税の特例

①申告期限までに分割された場合

　　→期限内申告書を提出
　　農地等の納税猶予の課税の特例については期限内申告が要件となっています。

節税のポイント

1. 期限内に分割協議が整うようにスケジュールを組もう。
2. 農地等の納税猶予は、申告期限までに分割されない場合は適用できないので要注意!
3. 配偶者の税額軽減と小規模宅地等の特例は、申告期限までに分割されない場合にも適用を受けられる場合がある。

41 相続財産の把握法

財産はどれだけあるか？

財産を把握するには、どうすればいいの？

チェックポイント

① 被相続人の資料を整理しましたか？
② 確定申告をされている方でしたらその控えはありますか？
③ 生前に関与している税理士等がいらっしゃいますか？

▶親の突然の他界…

　故人が意識的に財産をわからないようにでもしていないかぎりは、以下の書類からおおむねその財産を把握することはできます。
①預貯金の通帳
②領収書、納付書、請求書
③はがき、封書等
④所得税の申告書
⑤法人税の申告書
⑥名刺・手帳
⑦その他（宝石、貴金属、書画、骨董など）
　たとえば、被相続人が不動産を所有していれば、固定資産税の納付書が送付されてきているはずです。また、美術への興味が深かった方であればもしかしたら価値の高い絵画を所持しているかもしれません。

［具体的な把握方法］

▶（1）預貯金の通帳

　ふだん使用している普通預金の通帳から把握できる事項としては次のものが考えられます。

収入項目
①給与、配当、年金、不動産管理会社からの収入等
②株式の売却金額の振込等
　①については、通常の収入項目を把握することができます。
　②については臨時的な収入の発生ですが、一度でも株式の売却があれば、おそらく被相続人は株取引に興味があったと考えられます。

支出項目
①生命保険の定期的な支払い状況
②損害保険の定期的な支払い状況
③クレジットによる支払い
　①及び②については、年1回の定期的な支払いがあるか、毎月1回の定期的な支払いがあれば被相続人が生命保険や損害保険の契約をしていたことがわかります。
　③について、明細を見ることによりお金の流れを確実に把握することが可能となるわけです。

▶（2）はがき、封書等

　はがきや封書からどのような事項を把握できるかあげてみましょう。
①銀行からくる封書等
　これは、資金の運用状況についての明細や借入金の残高明細が表示されています。
②証券会社からくる封書等
　これは、株式の配当通知から、所有株式の銘柄や所有株式数がわかります。
③生命保険会社や損害保険会社からくるはがき及び封書等
　これは、生命保険や損害保険の契約のすべてを把握できます。保険について満期をむかえたものであれば、その資料もあるはずです。
④官公庁からの封書

固定資産税や所得税、住民税の納付書が考えられますので、不動産の所在や固定資産税評価額、また年間所得金額も把握できるのです。

▶（3）確定申告書等

確定申告書があれば収入の内訳はもちろんのこと保険加入の状況もわかります。

▶（4）名刺、手帳

名刺や手帳から普段連絡する相手先もわかりますので、話を聞くことにより内容確認が可能になります。

［もし、配偶者が亡くなってしまったら］

▶夫の場合

一つ具体例をあげてみましょう。

「主人は70歳で突然亡くなってしまいました。定年の62歳まで大手企業に勤め、定年後は年金生活をしていました。よく状況は把握していませんが、たまに税理士の先生と電話で話をしていたのを記憶しています」

このような状況で、奥さん宛に税務署から相続税申告書が送られてきました。

まず、焦らずに夫がたまに話していたと記憶している税理士に連絡をとってみましょう。おそらく、身の回りの整理をすれば、名刺や手帳に連絡先が書いているはずです。

関与されている税理士に連絡がとれましたら、配偶者が亡くなった旨の報告をします。たいがいの税理士は今後のことについて適切なアドバイスをしてくれるはずです。まず、税理士が関与していることで、少なくとも以下の内容を把握できます。

（1）個人の確定申告の有無
　①所得の種類（EX.不動産所得、雑所得、有価証券の譲渡所得）
　②加入保険の種類（生命保険、損害保険）
（2）法人の確定申告の有無
　①法人への貸付金あるいは借入金の有無
　②株主であるか
　株主である場合は株価の算定が必要になります。

▶二次相続の場合

「父が10年前に亡くなり、さらに今年、母が突然亡くなりました。両親の財産については全く把握しておりません」

このような状況で相続人宛に税務署から相続税申告書が送られてきました。

基本的には夫の場合と同じように個人の確定申告の有無、法人の確定申告の有無、その他の情報を通帳等から整理していくのがよいでしょう。さらに、10年前、父親が亡くなったときの相続税の申告書があるかないか確認しましょう。相続で取得されている財産があればその財産も相続の対象となります。

YES／NO式「相続財産の把握法」

1 一次相続の場合（EX.夫の場合）

（1）個人の確定申告書はありますか？

　　①不動産所得、雑所得、有価証券の譲渡所得等はありますか？
　　②生命保険料控除や損害保険料控除はありますか？

（2）法人の確定申告書はありますか？

　　①法人への貸付金あるいは借入金はありますか？
　　②法人の株主になっていますか？

（3）関与税理士はいらっしゃいますか？

（4）その他、親しくしていらっしゃった方はいらっしゃいますか？

2 二次相続の場合（EX.父親につづいて母親が死亡した場合）

（1）個人の確定申告書はありますか？

　　①不動産所得、雑所得、有価証券の譲渡所得等はありますか？
　　②生命保険料控除や損害保険料控除はありますか？

（2）法人の確定申告書はありますか？

　　①法人への貸付金あるいは借入金はありますか？
　　②法人の株主になっていますか？

（3）関与税理士はいらっしゃいますか？

（4）その他、親しくしていらっしゃった方はいらっしゃいますか？

（5）一次相続のときの、相続税申告書はありますか？

節税のポイント

1. あせらず、被相続人の身辺の整理をしましょう。
2. 財産、債務をおおむね把握できる資料を集めましょう。
3. 関与税理士がいらっしゃいましたら相談しましょう。

42 土地評価の工夫

土地評価を工夫して上手に節税

使わないと損！土地の評価が下がる3パターン

チェックポイント

① 利用価値の著しく低下している宅地の評価
② セットバックが必要な宅地の評価
③ 広大地の評価

▶土地の評価は「路線価×面積」だけではない

　相続税・贈与税の申告手続きにおいて、一番頭を悩ませるのは、財産の価格をどのように評価するかだと言われています。財産の評価については、計算の基礎となる基本的な取り扱いを財産評価基本通達にて定めていますが、いざ実務となるとそう簡単にはいかない問題が多々あります。

　この章では、上記の3つの例を取り挙げて説明します。土地の評価は、通常、路線価に面積を乗じて計算しますが、同一の土地であっても、評価する税理士によっては、税額が大きく変わる場合があります。

▶① 利用価値の著しく低下している宅地とはどんな宅地か

（1）道路より高い位置にある宅地又は低い位置にある宅地で、その付近にある宅地に比べて著しく高低差のあるもの
（2）地盤に甚だしい凸凹のある宅地
（3）震動の甚だしい宅地
（4）（1）～（3）以外の宅地で、騒音、日照阻害、臭気、忌み等により、その取引金額に影響を受けると認められるもの（臭気、忌み等とは、一般的にごみ焼却場、墓地などが該当します）

利用価値の著しく低下している宅地と認められる場合には、<u>利用価値が低下していると認められる部分の面積に対応する価額の10%相当額を減額</u>することができます。ただし、路線価がすでに利用価値の著しく低下している状況を考慮して付されている場合には、10%相当額を減額することはできません。

（1）～（4）は、あくまで例示で、これ以外の要因であっても近隣の宅地に比べて著しく利用価値が低下していると説明できるのであれば、減額措置の適用が可能です。一般的に鉄道沿線や高速道路付近の宅地は、既に路線価に織り込み済みであると考えられますので、路線価図と現地をよく調査して判断をしていく必要があります。

▶② セットバックが必要な宅地とはどんな宅地か

建築基準法では、道路は原則として幅員が4m以上であることが求められ、都市計画区域内では、宅地に建物を建てる場合には、この道路に2m以上接する敷地でなければ建築が認められません。ところが、生活道路では、自動車が一般的な存在でなかった頃の基準により4mに満たない幅で整備されたものが少なくありません。そこで、幅員が4m未満の道路であっても特定行政庁の指定に基づき、将来的に建物の建替え等を行う場合には4mの幅員を確保することを前提に、建築基準法上の道路（建築基準法42条2項道路）として認められています。

敷地の前面道路の幅員が4m未満の2項道路となっている場合、新たに建物を建てる場合には、原則として道路の中心線から左右に水平距離2mの線までをその道路の境界線とみなすこととされますので、その境界線まで後退しなければなりません。これをセットバックといいます。

セットバックが必要な宅地の評価額は、それ以外の宅地と比べて価値が減少することになりますので、<u>セットバックが必要な部分について通常の評価額から70%減額</u>することができます。

セットバックを要する道路か否かの確認は以下のようになります。現地調査と併せて役所を訪ねる必要があります。

（1）その宅地の所在する役所の道路管理課等で、道路台帳を確認し道路認定（公道か私道か）を受けているか否かを確認します。
（2）認定を受けていれば、道路名と幅員を確認します。中心線の明示があれば、距離の計算が容易になりますので、同時に確認しておきます。
（3）（2）で確認した内容をもとに、役所の建築指導課で建築基準法42条2項の道路

に該当するか否かの確認を行います。該当すれば、セットバック距離についても確認します。

▶③　広大地とはどんな宅地か

　広大地とは、その地域における標準的な宅地の面積に比して著しく面積が広大な宅地で、都市計画法に規定する開発行為を行うとした場合に、道路や公園などの公共施設用地や教育施設・医療施設などの公益的施設用地の提供が義務づけられている宅地をいいます。大規模工場用地に該当するものや中高層の集合住宅用地等の敷地に適しているものは、広大地に該当しません。

　したがって、広大地に該当するためには、以下の3要件を満たす必要があります。

（1）標準的な宅地の面積に比べて著しく面積が広大であること

　著しく面積が広大であるかの判断は、都市計画法の規定に基づき各自治体の定める開発許可を要する面積基準以上であれば、原則として、その地域の標準的な宅地に比べて著しく広大と判断することができます。

【面積基準】

①市街化区域、非線引都市計画区域※

　（イ）市街化区域

　　　　三大都市圏……………………500㎡

　　　　それ以外の地域……………1,000㎡

　（ロ）非線引都市計画区域……3,000㎡

②用途地域が定められている非線引都市計画区域

　市街化区域に準じた面積

※「非線引都市計画区域」とは、市街化区域と市街化調整区域の区域区分が行われていない都市計画区域をいいます。

　なお、開発許可面積基準以上であっても、その地域の標準的な宅地の面積と同規模であれば広大地に該当しません。

（2）戸建住宅分譲用地として開発をするのが最も適合している宅地であること

　容積率が300％以上の地域にある敷地は、戸建住宅の敷地用地として利用するよりも、中高層（3階建以上）の集合住宅用地等（分譲マンションや賃貸マンション等）として利用する方が適していると判断されるため広大地に該当しません。また、大規模

工場用地（5万㎡以上の土地）も広大地に該当しません。

　既に開発が終了しているマンション・ビル等の敷地用地は、新たに開発する必要がないので広大地に該当しません。戸建住宅が建ち並ぶ住宅街にあるファミリーレストランや大規模店舗等の敷地は、その地域の標準的な使用とは言えないため、他の要件を満たせば広大地に該当しますが、都市の郊外幹線道路沿いにあるような敷地であれば、その地域の標準的な使用に該当するため、広大地には該当しないことになります。

（3）開発に当たり公共公益的施設用地の負担が必要と認められること

　公共公益的施設用地の負担が必要と認められるものとは、経済的に最も合理的に戸建住宅の分譲を行った場合にその開発区域内に道路の開設が必要なものをいいます。

　たとえば、ごみ集積所などの小規模な施設の開設のみの場合、セットバック部分のみを必要とする場合、間口が広く、奥行が標準的な場合、道路が二方、三方又は四方にあり、道路の開設が必要ない場合など潰れ地が生じない土地については、広大地には該当しないことになります。

　上記要件を満たした土地の評価額（路線価地域に所在する場合）は、次のような計算式により計算することになります。

広大地の評価額＝正面路線価×広大地補正率＊×広大地の面積
＊広大地補正率＊＝0.6－0.05×広大地の面積／1000㎡

　なお、2以上の道路に接する広大地の正面路線価の判定は、原則として道路に面している路線価のうち最も高いものとします。

「広大地補正率」早見表

広大地の面積	広大地補正率	広大地補正率の計算式
500㎡	0.575	0.6－0.05×(500㎡÷1,000㎡)
1,000㎡	0.55	0.6－0.05×(1,000㎡÷1,000㎡)
2,000㎡	0.50	0.6－0.05×(2,000㎡÷1,000㎡)
3,000㎡	0.45	0.6－0.05×(3,000㎡÷1,000㎡)
4,000㎡	0.40	0.6－0.05×(4,000㎡÷1,000㎡)
5,000㎡	0.35	0.6－0.05×(5,000㎡÷1,000㎡)
5,000㎡超	0.35	0.6－0.05×(5,000㎡÷1,000㎡)

（広大地は、5,000㎡以下の面積のものとするため、広大地補正率は0.35が下限となります）

　広大地に該当すれば、土地の評価は算式にあてはめて原則42.5％〜65％の減額になり大きく下がります。しかし、該当しないと税務署から否認されてしまい大きく評価額が上がり、税額が大きく変わってしまいます。従って、広大地に該当するか否かの判定は特に慎重さが求められます。

土地評価の工夫

1 利用価値の著しく低下している宅地

高低差、凹凸、震動、騒音、忌み、臭気などいろいろと考えられます
　⇒実際に現地を調査して判断する必要があります。

評価額
＝利用価値が低下していないものとして評価した場合の評価額
　－利用価値が低下していると認められる部分の面積に対応する評価額
　×10％

2 セットバックが必要な宅地

敷地の前面道路が4ｍ未満の2項道路に該当するかどうかの判断
　⇒2項道路に該当するかどうかについては、現地調査と併せて役所調査が
　　必要となります。

評価額
＝セットバックがないものとした場合の通常の評価額－通常の評価額
　×（セットバック部分の面積／宅地の総面積）×70％

3 広大地

面積基準を満たすか、戸建住宅分譲が最適か、公共公益的施設の負担が必要かの判断がいずれも重要
　⇒経験豊富な専門家の判断が不可欠です。

評価額＝正面路線価×広大地補正率×広大地の面積

節税のポイント
1. 利用価値の著しく低下している宅地は10％相当の減額が可能。
2. セットバックが必要な宅地については70％相当の減額が可能。
3. 広大地に該当すれば、42.5％～65％相当の減額が可能。

[Part 5] ここが肝心！納税対策

43 物納・延納

相続税の納付方法

一括金銭納付が困難な場合には延納や物納の検討を!

チェックポイント
① 延納や物納とは?
② 延納や物納の選択とは?
③ 物納から延納への変更はできますか?

▶よく検討して選択しよう

相続税の納付はほかの国税と同様に金銭による納付が原則です。

しかし、例外的に、分割で現金納付する延納制度や相続財産により納付する物納制度があります。

延納は、長期の分割納付による制度です。延納を行うにあたっては、原則として担保提供を行う必要があります。

物納は、金銭による納付に代えて、一定の要件に該当する場合に相続財産そのもので納付する制度です。物納に充てることができる財産は、課税価格の計算の基礎となった財産で、管理または処分することができる財産に限られます。

[延納ができる場合はどんなとき?]

▶延納の選択も一つの方法!

延納の要件について、まとめてみましょう。

(1) 相続税額が10万円を超えること。

この場合は、期限内申告のほか期限後申告や修正申告、さらに更正または決定により納付する場合も含みます。

(2) 金銭で納付することが困難であること。

金銭納付困難の判定は、納期限または納付すべき日により行います。
（3）担保を提供すること。
　ただし、延納税額が100万円以下でかつ延納期間が3年以下の場合は不要です。
（4）年賦延納しようとする相続税の納期限、または納付すべき日までに、所定の事項を記載した延納申請書に担保提供に関する書類を添えて提出します。
　延納期間中は利子税がかかります。延納期間及び利子税率は、不動産等の価額が課税相続財産の価額にしめる割合に応じて主に以下のようになります。
（1）不動産等の割合が75％以上の場合

　　動産等にかかる延納税額　　　　10年
　　　利子税率　　　　　　　　年5.4％
　　不動産等にかかる延納税額　　　20年
　　　利子税率　　　　　　　　年3.6％

（2）50％以上75％未満の場合

　　動産等にかかる延納税額　　　　10年
　　　利子税率　　　　　　　　年5.4％
　　不動産等にかかる延納税額　　　15年
　　　利子税率　　　　　　　　年3.6％

（3）50％未満の場合

　　一般の延納税額　　　　　　　　5年
　　　利子税率　　　　　　　　年6.0％

　延納特例基準割合（平成28年は1.8％）が7.3％に満たない場合の利子税率は、前述の利子税率×延納特例基準割合÷7.3％（0.1％未満の端数切り捨て）で計算される割合が適用されます。
　では具体例で説明してみましょう。
　相続税額2,000万円について以下の条件のもと、延納申請をした場合にはどうなるのでしょうか。
　①不動産等の割合が90％
　②不動産等にかかる延納税額が2,000万円
　③延納申請年数10年
　④利子税率年0.8％（延納特例基準割合年1.8％としています）
　このケースでは、分納の元金2,000万円＋利子税88万円＝2,088万円が10年間で支

払う相続税総額となります。

　申告期限までに金銭による一括納付をした場合と比べますと、88万円ほど多く納税することになります。

［物納ができる場合はどんなとき?］
▶金銭納付が無理なときは物納で！

　物納の要件について、まとめてみましょう。
（1）相続税を延納によっても金銭で納付することが困難な事由があること。
（2）申請により税務署長の許可を受けること。
（3）延納によっても金銭で納付することが困難である金額の限度内であること。
（4）物納できる財産であること。

　また、（4）の物納できる財産は相続または遺贈により取得した財産で、かつ日本国内にあるもののうち、次のものに限られます。また、物納に適する財産が2つ以上ある場合は順番が決められています。

　第一順位　　国債、地方債、不動産（棚卸資産である不動産も含む）、船舶
　第二順位　　社債、株式、証券投資信託または貸付信託の受益証券
　第三順位　　動産

　物納財産は原則として、課税価格の計算の基礎となったその財産の価額（相続税評価額）により収納されることになります。したがって、財産を譲渡して所得税を納付したほうが有利な場合もありますので、物納選択は慎重に検討しなければいけません。なお、前述しましたように、管理または処分することができる財産でなくては物納が認められませんので、注意しましょう。

　では具体例で説明してみましょう。

　相続税額1億円について、以下の条件のもと、物納申請をするか、譲渡による売却をするか検討します。

　①物納申請財産は土地（相続税評価額は1億円）
　②物納申請地の売却価額は1億5,000万円
　③物納申請地の取得費は750万円（売却金額の5％）
　④取得費加算は2,000万円
　⑤譲渡費用450万円（売却価額の3％）

⑥延納利子税200万円

　物納を選択する場合には、①＝1億円となります。一方、売却による金銭納付の場合は②－（②－③－④－⑤）×20.315％－⑤－⑥＝約1億1,953万円となります。
　このように土地の売却価額により、物納と売却による現金納付のどちらが有利になるかはかなり変わりますので、十分に検討しましょう。

有利なのはどちら？「延納と物納」

1 納付方法の選択

一括金銭納付ができるかできないか

できる場合　　→期限内に金銭納付をする。
できない場合　→延納または物納による納付になる。

2 延納と物納の選択

近い将来の金銭収入（貸付金の返還、退職金の給付、財産売却収入）があるかないか

ある場合→**延納**
　　　　延納申請書を提出し、金銭による分割納付をする。

ない場合→**物納**
　　　　物納申請書を提出し、相続財産による納付をする。

物納が認められるのは延納によっても納付困難な場合に限られる。

3 注意点

物納にも経費が発生する。具体的には測量費用や分筆等が必要になることもあり、費用や時間がかかることになる。

節税のポイント
1. 延納や物納による納付も視野に入れよう。
2. 延納による利子税がいくらかかるか考えよう！
3. 物納の納税額と不動産を売却した場合の金銭納付額を比較しよう！

44 物納申請

金銭納付困難事由とは?

物納が得策かどうか、よく考えよう

チェックポイント

① 物納申請期限はいつまで?
② 物納申請時の提出書類は?
③ 物納はいつ許可されるのか?

▶金銭納付困難とは？

　国税の納付は、原則として、金銭（現金）による一括納付とされています。

　しかし例外的に、物納（金銭以外の引き継いだ財産で納付する）制度が認められています。

　物納は納税者が税務署に申請しなくてはなりません。

　相続税の物納申請をする要件の一つに、「延納によっても金銭で納付することが困難な金額の範囲内であること」があります。

　具体的には、相続により取得した財産の大部分が土地や家屋などのように換金しにくいもので、なおかつ相続人固有の金銭の貯えもなく、毎年の収入も十分でない場合です。仮に延納申請をしたとしても、納付の見通しが立たないような場合がこれにあたります。

［物納の申請をする］

▶物納申請時の提出書類とは？

　改正により、「物納申請書」及び「物納手続関係書類」を期限までに提出することが厳格化されました。

　その書類とは、①物納申請書、②物納財産目録、③金銭納付を困難とする理由書、

④③の内容を説明する資料の写し、⑤物納手続関係書類、⑥物納手続関係書類が提出できない場合、「物納手続関係書類提出期限延長届出書」、⑦物納申請財産が物納劣後財産の場合、「物納劣後財産等を物納に充てる理由書」、になります。

①〜⑦の書類のすべてを納期限又は納付すべき日（物納申請期限）までに、税務署長に提出しなければならなくなりました。ただし、物納申請期限までにすべての物納手続関係書類を提出できない場合には、⑥の書類を物納申請書に添付することにより、一回につき３カ月を限度として最長１年間まで延長することができます。

▶物納の許可限度額とは

物納許可限度額も相続税法基本通達にて明確化されました。

金銭納付が困難かどうかについては、「金銭納付を困難とする理由書」に金額等を記入して計算します。

具体的算式は、「物納許可限度額＝納付すべき相続税額－現金で即納することができる金額－延納によって納付することができる金額」になります。そして、「現金で即納することができる金額」とは、「相続した現金・預金等＋相続人固有の現金・預金等－相続人とその親族の生活費×３カ月－事業継続に当面（１カ月）必要な運転資金等」になります。

金銭納付が困難か否かは根拠資料によって具体的に証明しなければならなくなりました。

［物納が許可される］

▶標準的審査期間

物納申請が行われた場合には、税務署は物納申請期限から３カ月以内（審査期間）に許可又は却下を行います。ただし、物納申請財産が多数ある場合や積雪などの気象条件により財産の確認ができない場合などには、この審査期間が最長９カ月まで延長される場合があります。

もし「金銭納付困難理由がない」または「管理処分不適格な財産又は物納劣後財産に該当する」の理由以外で、物納却下になった場合には、納期限又は納付すべき日の翌日から却下の日まで（平成28年１月１日から12月31日までの場合）、年1.8％の利子税、却下の日の翌日から本税を完納する日までの期間について（平成28年１月１日か

ら12月31日までの場合)、年9.1％の延滞税(納期限の翌日から2カ月を経過する期間は年2.8％)がかかりますので、本税と併せて納付する必要が出てきます。

▶物納の取り下げ

相続税は、物納申請をした後でも、物納の許可があるまでは、その申請を取り下げ、物納申請財産を売却して金銭納付をすることができます。

ただし、自ら物納申請を取り下げて、現金で一括納付すると、期限後納付とされて、申告期限から実際に納付した日までの期間について(平成28年1月1日から12月31日までの場合)、年9.1％(納期限の翌日から2カ月を経過する期間は年2.8％)の延滞税がかかってしまいます。

このように、物納申請は手続き等が煩雑となり、厳格化されております。物納申請をする際には、物納した方が有利なのか、売却した方が有利なのか、慎重に判断することが重要となります。

その判断材料の一つとして、「売却損益分岐点」があります。売却により譲渡所得税・住民税が生じ、また、売却にかかる諸費用が発生しますので、売却代金からこれを控除し、物納申請税額の納付が可能かどうか事前に検討することができます。

▶物納の撤回

収納された財産は国の所有となってしまうのですが、賃借権が設定されている土地など一定の財産については、その物納の許可を受けた後1年以内に限り、物納の撤回をすることができます。

ただし、その不動産が換価、公共の用に供されており、もしくは供されることが確実であると見込まれるときは撤回することができません。

物納が有利な場合、不利な場合

1 具体例

- ●相続財産（土地２億，そのほか８億）　　　10億円
- ●相続税額　　　　　　　　　　　　　4億5,820万円
- ●物納の場合の土地評価額　　　　　　　　　　2億円
- ●申告期限後３年以内に土地を売却
- ●法定相続人　　　　　　　　　　　　　　子ども１人
- ●売却の場合の売却経費とみてくれる相続税

$$4億5,820万円 \times \frac{2億円}{10億円} = 9,164万円$$

- ●取得費　　　　　　　　　　　　　　売却価格の５％
- ●売却経費　　　　　　　　　　　　　売却価格の３％

2 物納２億円と比較してみると…

ケースＡ	相続税評価額２億円で売却	→	損
ケースＢ	相続税評価額２億円の１割増で売却	→	損
ケースＣ	相続税評価額２億円の２割増で売却	→	得

●売却損益分岐点

項目	ケースＡ	ケースＢ	ケースＣ
① 売却価格	2億円	2億2,000万円	2億4,000万円
② 取得費（①×５％）	1,000万円	1,100万円	1,200万円
③ 売却経費（①×３％）	600万円	660万円	720万円
④ 売却経費とみてくれる相続税	9,164万円	9,164万円	9,164万円
⑤ 譲渡所得　①－（②＋③＋④）	9,236万円	1億1,076万円	1億2,916万円
⑥ 所得税・復興特別所得税・住民税	約1,876万円	約2,250万円	約2,623万円
⑦ 手取額（①－③－⑥）	約1億7,524万円	約1億9,090万円	約2億657万円
⑧ 物納２億円との比較	損	損	得

節税のポイント

1. 物納制度を利用する際には、短期間に物納の適否を判断しなければならないので、生前に準備しておくことが必要となる。
2. 物納か売却するかは、その土地が相続税評価額のほぼ20％増で売却できるかが一つの目安になる。
3. 小規模宅地等の特例の適用を受けた土地は、不利になる。

45 生命保険の活用

預金より保険が得

生命保険の非課税枠を有効に

チェックポイント

① 相続人1人500万まで保険金は非課税?
② 預金より保険金のほうが得なのか?
③ 高齢者の加入できる保険もあるのか?

▶非課税枠を有効に使う

生命保険の加入方法としては、本人が保険契約者となり、配偶者が保険金の受取人になるというのが一般的のようです。これは本人に万が一のことがあったときに配偶者に生命保険金がおりて、その後の生活に困らないようにするためでしょう。

死亡保険金は相続税の課税対象となりますが、一定の非課税枠が使えます。これは「500万円×法定相続人の数」です。つまり、配偶者が生命保険金を2,000万円受け取った場合、法定相続人が3人いれば生命保険の非課税額が1,500万円あるので、課税対象額は500万円となります。

［預金より保険金が有利］

▶配偶者控除を最大限に利用

相続財産が預金2,000万円の場合と生命保険金2,000万円の場合とで比較をしてみます。仮に法定相続人を4人（配偶者と子ども3人）として、そのほかの財産は1億8,000万円で合計2億円、配偶者控除を最大限利用する方針で遺産分割が成立したとします。

預金2,000万円の場合の相続税は約487万円となりますが、生命保険金2,000万円の場合では約220万円の相続税ですみます。同じ2,000万円でも預金として相続する

よりは、生命保険金で相続をしたほうが相続税の節税となり、非課税額は納税資金にまわすことができます。

▶保険金の非課税枠をダブルで

死亡保険金については、法定相続人1人について500万円までは相続税の対象とはなりません。相続人が配偶者と子ども3人の場合、2,000万円（500万円×4人）までは相続税がかかりません。この場合で5,000万円の死亡保険金がおりたとき、2,000万円を控除した3,000万円が相続税の課税対象となります。

さらに保険金そのものではありませんが、死亡退職金についても相続人1人について500万円までは相続税が非課税となります。たとえば、会社で役員保険をかけていて、死亡保険金が会社に入った場合、会社から遺族に対して死亡退職金や弔慰金が支払われる場合です。この場合も相続人を4人とすると、死亡退職金2,000万円までは相続税がかかりません。

つまり、死亡保険金と死亡退職金を合わせると、相続人1人あたり1,000万円までは相続税がかからなくなります。

今現在、個人では保険に加入していて保険金の非課税枠をすでに使い切っているような場合、個人の資産管理会社を使い、会社として会社が受取人となる保険に加入します。この場合は死亡保険金が会社に支払われ、それを原資として会社が個人に死亡退職金を支払うことができるわけです。

［まだある保険金のかしこい使い方］

▶高齢者でも保険加入は可能

高齢だったり、健康状態が思わしくないために「自分は保険には入れない」と思っている方も多いと思います。

通常生命保険に加入できるのは70～75歳くらいまでと考えられているようです。しかし、最近では、いくつもの保険会社でもっと高齢の方でも加入できる保険を取り扱っています。保険会社によっては、85歳まで加入できる保険を扱っているケースもあるようです。

一時払終身保険以外の終身保険の保険料の支払いで注意したいことは、終身払いを選択しないことです。保険料の払込期間を長くすれば支払う保険料は安くなります

が、文字どおり死ぬまで保険料を払い込まなくてはなりません。最近のように90歳近くまで長生きされる方が多い時代では、このような年齢まで保険料を払い込んでいると、払込保険料の合計額が保険金額を上回ってしまい、何のために保険に加入しているのかわからなくなってしまいます。かならず払込満了年齢を決めるようにしてください。

　もう一つ注意したいのは、健康な人でないと保険には加入できないと考えられています。しかし、保険会社の商品の中には健康状態が良好でなくとも加入できる保険があります。むろん保険金額は制限がありますが、特に健康状態の良くない人向けの保険も発売されていますので、検討してみる必要があります。

▶円満な分割協議

　生命保険の相続対策としての活用法は、納税ばかりではありません。遺産分割を円滑にすすめる手段としても考えておく必要があります。受取人を指定しておくだけで、トラブルなく特定の人に財産を残すことが期待できます。特に主たる相続財産が一筆の土地で分割が不可能な場合には、有効です。「長男には不動産と生命保険、次男には長男が受け取った生命保険から代償金を支払う」というような活用も望ましいといえます。

預金より保険金のほうが得

[具体例] ①相続人　　　　4人
　　　　②遺産総額　　　2億円（生命保険加入前）
　　　　③加入する保険　一時払終身保険　保険料　2,000万円
　　　　④死亡保険金　　2,000万円
　　　　⑤遺産分割では、配偶者の税額軽減を最大限使う方針で分割が成立したと仮定

	保険加入なし		保険加入あり（受取人は配偶者）		保険加入あり（受取人は子）	
課税価格	2億円		1億8,000万円		1億8,000万円	
相続税総額	約2,435万円		約1,985万円		約1,985万円	
	配偶者	子	配偶者	子	配偶者	子
取得額	1億6,000万円	4,000万円	1億6,000万円＋生命保険2,000万円	2,000万円	1億6,000万円	2,000万円＋生命保険2,000万円
相続税額	0円	487万円	0円	220万円	0円	220万円

※受取人を配偶者ではなく子とすると、相続税は変わりませんが子の取得財産が増えます。

節税のポイント
1. 生命保険は相続対策としても活用できるので、非課税枠まで、保険に加入する。
2. 預金で残すより、保険に加入したほうが有利で、その分を納税資金に利用できる。
3. 死亡退職金の非課税枠の活用も、生命保険とは別に検討する。

46 売却・物納の有利選択

物納か土地売却か？

3年以内の売却による特例の活用法

チェックポイント

① 売却後の手取額はいくらになるか？
② 相続税の申告期限から3年以内の売却か？
③ どの土地から売却するか？

▶物納か売却かの検討

　相続税の支払いを物納でするか土地の売却でするかは、次の点をよく考えて決定することが重要です。
①売却価額は路線価以上になるか。
②売却後の手取額はいくらになるか。
③相続税の申告期限から3年以内の売却か。
④物納の要件をクリアしているか。
　一般的には、申告期限より3年以内に売却できて、路線価以上で売却ができれば物納より売却が有利になります。

［取得費加算の特例］

▶適用要件とは？

　相続で取得した土地を譲渡した場合の取得費は、被相続人のもともとの取得費を引き継ぎます。そのためこの土地を譲渡すると、かなりの譲渡益がでることがあります。ただし、相続税を納めるために、相続税の申告期限から3年以内に土地を売却した場合には、売却した土地にかかる相続税を、土地の取得費とすることができます。これを相続税の取得費加算の特例といいます。

この特例の適用を受けるためには、次の要件が必要となります。
① 相続または遺贈による財産取得であること。
② 相続税を支払っていること。
③ 相続により取得した財産の売却であること。
④ その売却をした時期が、相続税の申告期限の翌日から3年以内であること。

なお、平成26年12月31日以前の相続で取得した土地については、売却していない土地も含めて、相続した土地すべてにかかる相続税を、土地の取得費とすることができました。しかし、改正により、平成27年1月1日以後の相続により取得した土地については、特例が縮小されることとなりました。

▶適用内容とは？

譲渡所得の計算は、土地の売却価額からその土地の取得費と譲渡経費を引いて計算します。この特例は、一般の方法によって計算した取得費の額に、売却した土地にかかる相続税を取得費とみて加算することができます（差引後の利益がない場合には0を限度とします）。

基本的には、相続税を納めるための特典ですが、その土地の売却と相続税の支払いとがかならずしも紐付きでなくてもかまいません。

つまり、先に相続税を全額金銭で納付した後に、土地を売却した場合でも前述の適用要件を満たしていればこの特例が適用されます。

▶空き家に係る譲渡所得の特別控除と選択適用

相続で取得した財産のうち、被相続人が一人で住んでいた自宅を相続開始日から3年を経過する年の12月31日までの間に売却した場合には、一定の要件を満たせば、3,000万円の特別控除が適用できます（詳細は、「Part4 37 相続税の取得費加算」参照）。

ただし、取得費加算の特例とどちらか選択適用になります。また、この特別控除の制度は、平成28年4月1日から平成31年12月31日までの間に譲渡した場合に限り適用できます。

［含み益に課税、含み損には課税されない］

▶有効活用のために

相続税の取得費加算の特例を有効に活用するためには、次の順序で検討するといいでしょう。

（1）「含み益」のある土地から譲渡

土地の譲渡をして課税されるのは、譲渡益が発生する場合に限られます。そのため、いつ売却しても譲渡益の発生しない土地の譲渡については、取得費加算の適用期限を心配しなくてもよいことになります。

（2）特別控除等の特例適用のあるものは後に

たとえば、居住用財産の譲渡であれば、3,000万円の特別控除の適用を受けることにより、課税所得をより少なくすることができます。また、軽減税率の適用や買い換えの特例の適用を受けることができる場合も同様です。

［同族会社への売却］

相続税の取得費加算の特例制度は、相続税の申告期限から3年以内に譲渡しないとその適用を受けることができません。

しかし、譲渡が思うようにできない場合には、同族会社へいったん譲渡し、取得費（簿価）を引き上げておけば、3年経過後に同族会社が第三者へ譲渡しても、譲渡益を最小限におさえることができます。結果として譲渡税の負担も少なくなります。

同族会社への売却はそのときの時価で売却するようにします。この対策の注意点としては、相続人から同族会社への不動産の所有権移転に伴う登記諸費用や不動産取得税がかかるということです。また、同族会社がその土地を取得するために銀行から借入等をしていた場合、その土地が第三者になかなか譲渡できないときは、その会社の資金繰りも苦しくなりかねません。

解説 46 申告3年以内の売却による特例活用

1 具体例

売却した土地に対応する相続税を譲渡した土地の原価として控除することができる。

(単位：円)

相続財産	相続税評価	相続税
①土地　A	6億	
②土地　B	6億	9億
③そのほかの財産	6億	

①の土地を売却した場合　6億円－3億円＝3億円※

　　※相続税取得費加算　9億円×6億円÷18億円＝3億円

①の土地を売却した場合、相続税取得費加算の額は、

$3億円（9億円 \times \dfrac{6億円}{18億円}）$

となり、もとの取得価額控除前で譲渡所得は3億円（6億円－3億円）となる。

2 納税方法の検討の流れ

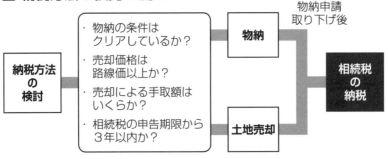

節税のポイント
1. 相続財産のうちの土地の占める割合が大きい場合は3年以内の譲渡が有利。
2. どの土地から売却するかの検討も必要。
3. 同族会社への売却も条件が整えば税負担がおさえられます。

47 物納財産の選定

貸宅地の物納

物納条件が整えば、貸宅地も物納可能である

チェックポイント
① 金銭納付困難な状況とは?
② 貸宅地を物納に充てるための条件とは?
③ 物納に充てるための準備はいつまでにするのか?

▶金銭納付が困難な状況

相続税を物納する場合、次の5つを頭に入れておきましょう。

①金銭納付困難かどうかの判断は、相続人ごとになります。

②借入金と預金が両方ある場合には、借入金部分の預金はないものとして取り扱われます。

③物納条件が整っている場合、どの財産を物納するかを選ぶのは納税者です。

④物納できる財産は国が管理・処分できる財産です。

⑤物納財産の順位は以下のようになります。

　　第一順位　国債、地方債、不動産、船舶、物納劣後財産に該当する不動産
　　第二順位　社債、株式、証券投資信託または貸付信託の受益証券、物納劣後財産に該当する株式
　　第三順位　動産

[物納条件が整っているか?]

▶不動産を物納に充てたい場合

物納する不動産としては、一般的には売却可能な駐車場の敷地などの更地が考えられます。

では、借地人が存在する貸宅地は、物納財産として不適当でしょうか。

貸宅地だからといって、一概に物納不可能ということにはなりません。物納条件が整っていれば、貸宅地の物納もできます。

▶物納できる条件とは？

貸宅地を物納に充てるには、以下の主な条件を満たすことが必要です。

（1） 土地の賃貸借契約書があること

事前に契約書を作成しておくことが必要です。契約書には、貸主と借主の住所氏名、土地の所在、面積、期間、地代等をきちんと明記します。

現在の賃貸借の内容と合っているか、貸主に不利な条件となっていないかを確認し、必要であれば契約書を訂正するか、別途念書などを取り交わしましょう。

（2） 地代を収受していること

地代は、付近相場と照らして同じくらいの金額を収受していることが必要です。固定資産税等の約3倍程度であれば、妥当と思われます。

（3） 借地人の同意があること

借地人に同意をもらうのは、難しいように思いがちです。しかし、国が地主となった場合には、借地人には以下のメリットがあります。

借地人に、メリットをお話しすることにより、同意を頂きましょう。

国が地主となった場合、国は底地の処分について、更地の場合には「一般競争入札」により土地を処分しますが、借地の場合には「買受勧奨」により借地人への売却を勧奨しています。そのため通常は、借地人のみが買受人となるのです。一般的には、国は借地人に年に一回買受交渉をし、借地人に購入資金等の準備が整うまで買い受けを延期することができるようです。底地の所有者である国に対して、借地人の方が買えるときに購入できるという点でメリットがあるといえるでしょう。

［貸宅地を物納する］

▶更地と貸宅地がある場合

神奈川県の更地A（1億円）と東京都の貸宅地B（1億円）があったとします（218ページの3を参照）。

この場合、物納財産としてはどちらを充てればいいでしょうか。

東京都の貸宅地Bも、前述の物納に充てるための主な条件3つを満たせば、物納に充てることが可能となります。

納税者は自分の利用のしやすさで、手許に残すか物納に充てるかを決めることができます。

借地人がいることにより自由に利用できない東京都の貸宅地を物納し、自由に利用できる神奈川県の更地Aを手許に残すこともできます。

つまり、物納の条件を満たせば、どちらも物納対象になります。

▶株式と不動産がある場合

次に218ページの**4**のケースを見てみましょう。

Aさんは、相続開始時に相続税4,860万円分の現金があったため、金銭で納付することとなりました。

Bさんは、相続開始直前に手許の現金5,000万円で株式を買いました。それにより、金銭納付が困難となり、延納でも足りない部分の金額について、物納を行うことになりました。

Bさんの場合、物納に充てることができる財産は、不動産と株式がありますが、売却可能なら不動産のほうが物納財産としての順位が高くなります。

Bさんは、結果として、不動産を物納財産とし、なおかつ、利用効率の悪い貸宅地が前記の物納に充てるための主な条件3つを満たしていたため、貸宅地を物納に充てることになりました。

▶早めに準備しておこう

どの不動産を物納に充てるにも、測量や隣地との境界確認などが必要です。

また、物納制度の改正により、物納審査期間が短縮され、物納申請後の審査期間にも利子税がかかります。さらに、申告期限の翌日から1年以内に条件整備が完了しなければ、申請が却下されてしまいます。生前にしっかり条件整備することが必要です。

ここを間違えないように物納する

❶ 金銭納付が困難かどうかの判断は相続人ごとに違う

相続税　1,000万円　← 物納NO！金銭納付

［取得財産］
| 預金 | 1,000万円 |
| その他財産 | 3億2,000万円 |

相続税　1,000万円　← 物納OK！

［取得財産］
| 不動産 | 3億3,000万円 |

❷ 借入金3,000万円がある場合（相続人2人　配偶者無し）

預金はまず、借入金の返済に充てられると考える　→　金銭納付困難に該当

［相続財産］
預金	3,000万円
不動産	2億円
その他財産	1億円

借入金返済に充当 →

［相続債務］
| 借入金 | 3,000万円 |

相続税2,500万円…金銭納付困難に該当
延納で払いきれない部分は、物納OK！

❸ 条件を満たせば貸宅地を選択することも可能

神奈川県の更地A　1億円

東京都の貸宅地B　1億円

❹ 不動産は有利な財産

［Aさん］
現金	5,000万円
自宅	1億円
貸宅地	5,000万円
合計	2億円
相続税	4,860万円

→ 物納NO！金銭納付

［Bさん］
株式	5,000万円
自宅	1億円
貸宅地	5,000万円
合計	2億円
相続税	4,860万円

→ 延納で払いきれない部分は、物納OK！

節税のポイント

1. 延納・物納できるかどうかの判断は相続人ごと。
2. 条件が整えば貸宅地も物納可能である。
3. 測量や物納整備は相続開始前に行う。

48 固定資産の交換と物納

交換を活用した物納を!

譲渡税がかかる場合とかからない場合がある

チェック
ポイント

① 推定相続人の遊休不動産を
　物納にあてることができる?
② 固定資産の交換で譲渡税がかからない場合とは?
③ 相続した土地を交換後物納にあてたらどうなる?

▶交換による遊休不動産の物納とは?

相続税を金銭で納付することが困難な場合の納税方法として、一定の要件を満たせば、物納をすることができます。

たとえば、親の持っている土地は利用価値が高いが、推定相続人である子どもの持っている土地は、利用価値が低い場合、子供の持っている土地で物納ができないかと考えます。

ところが、物納できる財産は、原則、相続税の課税価格に算入される親の財産に限られるのです。したがって子どもの土地は物納できません。

こうした場合、生前に両者の土地を交換して、相続時に物納することも可能です。

［固定資産の交換を利用しよう］

▶固定資産の交換の特例とは?

固定資産を金銭の授受なしに交換した場合、当事者間の認識においては「交換」という契約行為が成りたったとしても、税法上の交換の特例の適用要件を満たさなければ譲渡税が発生してしまいます。

特例の適用要件を満たせば、等価交換として固定資産の交換の特例が認められ、お互いに税金はかかりません。

当然、適用要件を満たして交換したほうが有利となります。

▶交換の特例の要件には6つ必要

①土地・建物などの固定資産の交換であること（棚卸資産以外の資産であること）。
②交換による譲渡資産と取得資産とが同一の種類の固定資産の交換であること。
③相手方の固定資産は、交換のために取得したものでないこと。
④交換による譲渡資産と取得資産は、それぞれの所有者がいずれも1年以上所有していた固定資産であること。
⑤交換による取得資産を交換前の資産と同一の用途に供すること。
⑥交換による譲渡資産と取得資産との時価の差額がいずれか高い方の価額の20％以内であること。

なお、受け取った交換差金がある場合には、その交換差金についてのみ譲渡があったものとされます。

▶価額が異なる固定資産の交換の場合

固定資産を交換するときの時価は、原則として、合理的な「市場価格」であり、交換時の取得資産と譲渡資産の「通常の取引価額」をいいます。

ただし、当事者間のみで成立している価格であっても、交換の経緯や事情などからみて、その価額が合理的に算定されている場合には、それが「通常の取引価額」とは異なっていたとしても、その「合意した価額」が譲渡資産と取得資産の交換時の時価とされます。

［交換による不動産の物納の例］

▶畑と雑種地の交換

父親は自宅前の土地に農作物を植え、畑を所有。地目も現況も「畑」です。
子どもは自宅からは少し離れた場所に地目は「雑種地」現況は「畑」の土地を所有しています。
また、子どもは、父親の自宅に同居し、生活も一緒です。
将来の父親の相続時には、子どもがそのまま自宅を引き継ぎ、居住する予定であるため、自宅前の父親所有の畑は残し、子ども所有の現況農地を物納したいと考えてお

ります。

　両土地の面積はほぼ同じで、時価の差額は20％以内、そのほかの交換の特例要件はすべて満たしています。

　子どもが所有している土地については昔から農作業をしてきており、地目は雑種地となっていますが、どこからみても畑という状況です。さらに、固定資産税の現況地目についても畑ですので、両者の土地を交換しました。また、交換後も交換前の資産と同一の用途とする必要があるため、その後も継続して畑として利用しました。

　その結果、譲渡税がかからずに両者の土地を交換でき、さらに父親の相続時には、その土地を物納財産として見事、物納することができました。

▶相続した土地を交換後物納したら？

　先の例では、生前に交換するという内容でした。ところで、実際に相続が起こった後に、その相続により取得した土地と、他人の土地を交換して物納することも認められています。

　このように物納を前提に交換契約を締結し、その後に物納している場合は、交換譲渡資産と同一の用途に供したとはいえないので、固定資産の交換の特例の適用はなく、譲渡税がかかります。

　ただし、この場合であっても一定の要件を満たせば、相続財産を譲渡した場合における取得費加算の特例の適用を受けることができるので、有利となる場合があり検討する必要があるといえます。

固定資産の交換のまとめ

1 交換の特例要件のまとめ

	譲渡資産 （自己所有）	取得資産 （相手所有）
固定資産	棚卸（販売用）資産でない	棚卸（販売用）資産でない
取得時期	●1年以上の所有 ●交換のために取得 　したものではないこと	●1年以上の所有 ●交換のために取得 　したものではないこと
同一種類	土地等　建物　機械装置	土地等　建物　機械装置
同一用途	－	交換前と同一の用途に 供すること
価格	時価の差額が高い方の20％以下であること	

2 相続した土地を交換後物納する場合

【交換譲渡資産の用途】　【交換取得資産の用途】

A　宅地X　　　　交換取得資産である宅地Yを物納　→　交換の特例の適用**なし**（宅地X）

交換

B　宅地Y　　　　宅地X　→　交換の特例の適用**あり**※（宅地Y）

※一定の要件あり

節税のポイント

1. 交換後に相手方が同一の用途に供していない場合であっても、自己が同一の用途に供していれば特例の適用を受けることができる。
2. 土地付建物などを一体で交換した場合でも、土地は土地、建物は建物としてそれぞれ交換したものとされ、全体では等価であってもそれぞれの価額が違えばそれぞれの差額は交換差金として扱われる。
3. 相続した土地を交換後物納した場合であっても、一定の要件を満たせば取得費加算の特例の適用を受けることができる。

[Part 6] これで安心！税務調査

49 税務調査

税務調査はどう行われるか?

税務調査では様々な角度から調査が行われます

チェックポイント

① 税務調査の時期とは?
② 税務調査の選定基準とは?
③ 税務調査の調査項目とは?

▶時期はおおよそ決まっている

　相続税の調査は、通常、申告書を提出した年の秋、または翌年の秋頃に行われる傾向です。

　税務署では、過去に譲渡所得の確定申告書を提出した人を中心に、その譲渡所得に基因するお金の流れ等について調査を行います。

　場合によっては、そのお金の流れ等を入念に事前調査したうえで、納税者のもとに実地調査にくる場合もあります。

　最近の傾向としては、先に述べた9月から12月以外にも調査が行われる場合があります。そして実地調査では、被相続人の財産だけでなく、相続人の財産に至るまで様々な角度から細かく調べてきて、色々な質問がなされます。

[税務調査の選定基準]

▶申告書に誤りがある場合

　第一に、申告書の誤りや、資料等に不備がある場合には調査の対象になります。ですから、調査官からみて、丁寧でわかりやすい申告書を作成してくれる税理士に依頼しましょう。申告書がきちんと整っていて、調査官が理解しやすい申告書であれば、かなり信頼性が高まるからです。

次に、生前の確定申告書から推定したよりも、申告した相続財産が少ないと考えられる場合には調査にきます。故人が高齢者である場合には、それほど海外旅行や飲食にお金がかかるとは考えられません。つまり、税金支払い後のお金はかなり残っていると考えられています。

　その方の年収から逆算して、年間収入の約3分の1くらいの現金が残っているであろうとの推測も、あながち間違っていないと思われます。

　さらに、家族名義にはなっているが、実体は故人の資産ではないかと考えられる財産が、申告書に載っていない場合です。

　子どもや孫名義の通帳に、贈与税の基礎控除以下の入金があり、その通帳は入金だけで1円も使われていない場合には、そのような推定を受ける場合もあります。

▶税務調査の形式基準

　税務署の調査官は、被相続人の財産だけでなく、相続人の財産もすべて把握してから調査に来ます。ですから、たとえ名義が相続人であったとしても、その財産が相続人のものであるとの明確な算定根拠（過去に贈与された財産であるとか、自分で稼いだ預金であるとか）が求められます。

　ところで、課税対象となる財産が約3億円超の場合には、調査対象になると言われています。これは財産額による形式基準のようなものであり、このくらいの財産額があれば、やはり資産家ということで調査の対象に入ってきます。

　また、相続人の財産が異常に多い場合にも、その財産がどのように形成されたかの確認をするために、調査が行われます。

　相続税の調査は、相続時点よりも前の被相続人の財産の確認をするとともに、相続後の相続人の財産の確認作業まで行われますので、相続後に預金等を移動する場合には後からきちんと説明できるようにしておく必要があります。

［税務調査の中心］

▶申告書にない金融資産

　税務調査は、申告書に記載された財産の確認よりも、むしろ、申告書に記載されていない財産の把握が中心となります。

　具体的には、被相続人及び相続人の預金の過去5年分くらいをトレースして、その

預金同士が混ざっていないかどうかの確認をします。

　たとえば、被相続人から相続人が過去にお金を借りていて、未精算の場合には貸付金という財産の漏れがあることになります。

　また、自宅の金庫や銀行の貸金庫の中に何があるかを確認して、財産に漏れがないかどうかのチェックを行います。事前にこれらの中身を調べておいてください。

　さらに、被相続人の日記帳、手帳、ノート、金融機関等からのはがき等から、隠れた財産がないかどうかの把握も行います。

▶無記名債券と郵便局

　場合によっては、無記名債券がないか金融機関に問い合わせをして、真の所有者が誰なのかを調べることもあります。この無記名債券については、当初の申告から漏れている場合には、まず100％脱税という認定を受けて重加算税が課税されてしまいます。これには特に注意して申告するようにしてください。

　注意するといえば郵便貯金も要注意です。これは実例ですが、配偶者の名義となっていた数千万円の郵便貯金を申告せずにいて、調査のときに問題となりました。

　最終的には、その財産が被相続人に帰属することを知っていたのに計上しなかったということで、重加算税が課税されました。

　日本郵政と財務省との間にはもはや垣根はありません。国税局の職員はいつでも日本郵政の集計センターに行き、誰の名寄せも集計できるそうです。ご注意ください。

[Part 6] これで安心! 税務調査

解説 49 調査でトラブルにならないためのチェックリスト

	税務調査官チェック項目	チェック欄
①	先代名義の不動産の申告漏れはないか	
②	共有不動産の申告漏れはないか	
③	別荘等、遠方の不動産の申告漏れがないか	
④	借地に建物を建てている場合の借地権の申告漏れはないか	
⑤	無記名債券の申告漏れはないか 注)調査で明らかとなった場合には、重加算税の対象となり、配偶者の税額軽減の対象にはならないので注意が必要です	
⑥	家族名義の有価証券の申告漏れはないか 例)専業主婦の妻名義の有価証券が数千万円ある場合	
⑦	取引相場のない株式・出資金の申告漏れはないか 例)親戚・知人が経営する法人の株式・出資金	
⑧	配当金の支払通知がきている銘柄はすべて申告しているか	
⑨	タンス株の申告漏れはないか	
⑩	家族名義の預金の申告漏れはないか 例)孫に贈与した預金でも、通帳・印鑑とも被相続人が管理し、孫が預金を使用した形跡がない場合などは、名義預金と認定されます	
⑪	共有名義の賃貸物件の収入・経費が混在していないか	
⑫	同族会社への貸付金・未収入金等の申告漏れはないか	
⑬	郵便局の預金の申告漏れはないか(特に、証書形式の定額貯金)	
⑭	相続開始直前の引出額の申告漏れはないか 例)預金凍結直前に入院費、葬式費用等に充当するため引き出した額	
⑮	契約者が相続人であるにもかかわらず、被相続人が実際には保険料を負担していた保険契約の申告漏れはないか	
⑯	農協と取り引きがある場合、建物更生共済契約の申告漏れはないか	
⑰	自動車の申告漏れはないか	
⑱	相続開始3年内の相続人への贈与の申告漏れはないか	

節税のポイント
1. 無記名債券を申告しないと重加算税の対象になってしまう。
2. 同居する家族名義預金は特に慎重に調査する必要があります。
3. 郵便局の証書形式の定額貯金の有無は必ず確認しましょう。

50 調査のツボ
預貯金と割引債の漏れが多い

己を知り相手を知っていれば税務調査も安心!

チェック
ポイント

① 税務調査はかならずあるのか?
② 調査で指摘を受ける財産とは?
③ 申告漏れの財産があったら、どうなるのか?

▶税務調査を受ける人は多い

税務調査はかならず行われます。

相続税の申告期限は亡くなった日の翌日から10カ月以内です。したがって、相続税の調査はだいたい、その年の秋、または翌年の秋頃に行われる傾向にあります。

相続税の過去のデータによりますと、相続税がかかる人は亡くなった人100人に対して約5人の約5%となっています。

相続税を申告した人のうち、税務調査を受ける人の割合は約20%です。しかし、税務調査を受けた人のうち、税務調査で申告漏れ等が発見された人の割合は約82%に上っています。

つまり、調査された人のほとんどに、財産の申告漏れがあったことになります。

［調査で指摘されることが多い資産］

▶預貯金や割引債がトップ

銀行預金の過去の取り引きをみるためにまず通帳を見られます。もし古い通帳をなくしたとしても、銀行には過去10年分のデータがマイクロフィルムで残っていますので、調査官はそこから取り引きの明細を調べることができます。

調査官はおよそ過去5年間くらいまで遡って、預金移動表を作成するようです。

この預金移動表とは、故人の預金を中心に、毎月末残高を毎月記入していき、同じ時系列で相続人、場合によっては子や孫の預金も並べて、その預金の移動表を作成します。
　こうすることにより、たとえば、平成28年4月12日に亡くなった方のある預金から引き出されていた500万円が、子どもの通帳に資金移動している事実がわかるということになります。
　このような地道な努力を重ねることにより、預金の流れを解明していくのです。
　郵便貯金については、貯金事務センターでその金額が一括管理されています。したがって、調査官はそのセンターに照会することにより、簡単に貯金残高を知ることができます。
　郵便貯金は安心だという方がときどきいます。しかし、郵便貯金といえどもある意味では丸裸であるといえましょう。
　無記名の割引債に関しては、昔、大物政治家が脱税のために無記名債券をもっていたということで、そのときにすべての無記名債券の所有者が把握されたといわれています。ですから、過去の取り引きをみて、故人が無記名債券を購入していた事実があった場合には、申告前によく調べ、財産の申告漏れがないようにしましょう。
　また、名義預金や相続直前に引き出されてその預金が行方不明というような不明預金等が、税務調査により相続財産であるとの事実認定を受ける場合もあります。
　このような事実認定に納得いかなければ、「再調査の請求」、「審査請求」、場合によっては「税務訴訟」の手続きにより、納税者が救済される場合もあります。

［修正申告にはペナルティーがある］

▶一番厳しいのが脱税！

　税務調査で相続財産の申告漏れが見つかった場合には、さまざまなペナルティーが科せられます。
　まず、相続税本税の負担が増えます。
　次に、増加した相続税に対して原則10％（一定の場合には15％）の過少申告加算税がかかります。
　この場合、申告後に財産の申告漏れが見つかって自主的に修正申告書を提出した場合には、この過少申告加算税はかかりません。

一方、これに対して財産の計上を意図的に漏らした場合には、仮装、または隠蔽ということで、悪質とみなされて本税の35％（一定の場合には40％）の重加算税が課せられます。これは正に脱税ということになります。

　このように、相続税の申告後の調査で財産漏れが見付かった場合には、加算税という無駄な税金を支払うことになりますので、真面目に申告をしましょう。

▶仮装または隠蔽したら大損！

　申告漏れを指摘された財産にかかる増加した相続税額に対して、原則として当初の申告期限から修正申告した日まで延滞税が年2.8％（平成27年1月1日から平成28年12月31日までの期間。ただし、一定の場合には9.1％[平成27年1月1日から平成28年12月31日までの期間])かかることになります。

　これも、当初から真面目に申告をしておけば不要な税金です。

　配偶者には、配偶者の税額軽減という特例制度があり、法定相続分または1億6,000万円のいずれか大きい金額まで相続税がかかりません。しかし、仮装または隠蔽した財産、つまり脱税した財産にはこの特例は使えません。

　具体例で説明してみましょう。

　当初全体の財産が5億円で、そのうち配偶者が2億円を取得しても配偶者の法定相続分（この場合、5億円×1／2＝2億5,000万円）以下ですので、相続税はかかりません。このケースで税務調査後に1億円の預金の漏れが見つかり、この財産1億円を配偶者が取得して全体6億円のうち3億円となったとします。

　本来なら法定相続分（この場合、6億円×1／2＝3億円）以下ですので、相続税はかからないのですが、この1億円が仮装または隠蔽した財産であるとの認定を受けると、配偶者の税額軽減の特例は使えなくなり、相続税がかかることになります。

[Part 6] これで安心! 税務調査

預金推移表

(単位:千円)

番号		1	2	3	4
銀行名		○○銀行	○○銀行	○○銀行	☆☆銀行
支店名		A支店	B支店	C支店	H支店
種類		普通預金	定期預金	普通預金	普通貯金
番号		123456	654321	456789	987654
名義人		被相続人 東京太郎	相続人 東京次郎	被相続人 東京太郎	孫 東京花子
H26	1	2,353		7,431	4,097
	2	2,091		8,192	4,225
	3	1,948		9,301	4,072
	4	1,623		10,261	4,222
	5	4,081		6,048	3,927
	6	2,056	2,000	6,926	5,567
	7	1,396		7,871	5,066
	8	1,755		8,609	4,984
	9	1,030		9,636	4,537
	10	429		10,518	4,627
	11	780		11,480	4,605
	12	2,716	2,000	7,366	5,897
H27	1	2,647		8,253	5,843
	2	2,876		8,930	5,949
	3	2,166		9,816	5,907
	4	1,665		10,775	5,390
	5	1,316		11,660	5,339
	6	1,065		12,545	5,203
	7	1,006		8,430	4,734
	8	765		9,121	4,846
	9	84		9,886	4,550
	10	30		10,544	4,145
	11	373		10,572	4,126
	12	2,629	2,000	5,572	5,401

表の見方

1. H26年の4月・5月・6月をみると、No.3の太郎さんの預金が約420万円引き出されている。
2. そのうち約240万円は、No.1の自分の口座に入金後に、次郎さんの口座に200万円入金されている。
3. また、孫の花子さんには約160万円が入金されている。

51 名義資産

名義預金の申告漏れ

預金を贈与する場合には、手続きと書類に注意

チェック
ポイント

① 贈与する場合の通帳は受贈者本人が本人の印鑑で作成したか?
② 贈与した通帳と印鑑は受贈者本人が管理・保管しているか?
③ その通帳を積極的に活用しているか?

▶名義資産とは？

相続税の税務調査で、かならずといっていいほど問題になるのが名義資産です。名義資産とは、形式的には被相続人の名義ではなく、その方の相続人である子どもや孫などの名義になっていますが、実質的には被相続人の所有であると考えられる資産のことをいいます。

実質的に被相続人の所有であると考えられる場合には、相続税の申告が必要になります。

過去に贈与したつもりでいた資産が、税務調査で名義資産であると指摘を受けるケースも多々あります。

相続財産の申告漏れになって過去の贈与が無駄にならないように、名義資産の内容を理解し、相続・贈与の対策を検討することが重要です。

［名義預金とは?］

▶名義資産

名義資産には、具体的には名義預金や名義株、名義保険などがあります。名義資産

に共通する内容は、形式的には被相続人の名義ではなく、その方の相続人である子どもや孫などの名義になっている資産のことですが、単に名義を借りているだけであり、真実の所有者は被相続人であると認定を受ける資産のことをいいます。

▶名義預金

　名義資産のなかでも、もっとも発生頻度が高いのが名義預金です。

　名義預金とは、形式的には被相続人の名義ではなく、その方の相続人である子どもや孫などの名義になっている預金のことですが、単に名義を借りているだけであり、真実の所有者は被相続人であると認定を受ける預金のことをいいます。

　相続が発生した場合に、相続人である子どもや孫名義の預金は故人のものではありませんから、相続財産として申告しない場合がほとんどだと思います。

　しかし、相続税の税務調査では、その預金の作成手続きを細かく調べられ、過去において事実上の贈与があったかどうかにより、故人の財産であるかどうかの判断がなされることになります。

▶名義預金の判断

　具体的には、まず「通帳は誰が作成し、誰の印鑑を使用しているか」「通帳の保管・管理は誰がしていたか」を聞かれます。通帳と印鑑を故人が管理していたのでは名義人は預金を使えないわけです。

　次に「贈与契約書は作成したか」「受贈者本人はこの贈与の事実を知っていたか」を聞かれます。

　贈与契約は贈与者が「あげる」意思表示をするとともに受贈者が「もらう」意思表示をして成立します。

　贈与者が一方的にあげたつもりでも受贈者が知らなければ贈与契約は成立しないわけです。

　このように税務調査では、名義資産に関してきびしい確認作業が行われます。

［名義預金と認定されないために］

▶名義預金の発生

　Aさんは自分の子どもと孫に贈与税の110万円（平成12年までは60万円）の基礎控

除を活用して毎年基礎控除以下で贈与し、少しずつ子どもや孫の預金を作ってきました。その通帳を作るときには、自分の印鑑で通帳を作りました。それから毎年、年末近くになると、自分の通帳から子ども・孫名義の通帳へせっせと振り替え入金してきました。

　毎年贈与している金額は伝えてはいましたが、子どもや孫もまだ若いのでこれだけの預金が累積されていると知ったらそれを無駄遣いするだろうと思い、この贈与資金の具体的累計金額は知らせていませんでした。

　その後、このＡさんに相続が発生しました。

▶税務調査における指摘

　相続税の申告の１年後に税務調査がありました。そこで調査官から次のような質問がありました。

　「通帳は誰が作成し、誰の印鑑を使いましたか？ 贈与契約書は作成しましたか？ 受贈者本人はこの贈与の事実を知っていますか？ この通帳の保管・管理は誰がしていましたか？ この通帳そのものの存在を相続人たちは知っていましたか？」

　回答の結果、形式的には預金はＡさんから子どもたちに移転してはいるが、贈与した預金の通帳は贈与者が作成し、その印鑑も贈与者の印鑑を使い、また贈与された預金の管理は贈与者がしており、さらにその預金を受贈者が全然使っていない、という指摘を受けました。

　これらの事実があることにより、実質上贈与は行われておらず、名義預金であるとの認定を受けてしまったのです。

▶具体的対応方法

　では、どのような状態であればよかったのでしょうか？
①受贈者の通帳は受贈者本人が本人の印鑑で作成する。
②受贈者の通帳と印鑑は受贈者本人が管理・保管する。
③かならず積極的にその通帳を活用する。
　つまり、その預金の所有者としてあたりまえのことをすればいいのです。

解説51 名義預金と認定されないために

預金を贈与する場合のポイント

1. 受贈者名義の通帳は受贈者本人が作成する。
2. 通帳の印鑑は受贈者本人の印鑑を使用する。
3. 年間の贈与金額が110万円以下の場合には、贈与契約書を作成する。
4. 贈与契約書には、日付を証明する確定日付を取る。
5. 年間の贈与金額が110万円を超える場合には、贈与契約書の作成のほか、贈与税の申告・納税をする。
6. 通帳と印鑑の保管は受贈者本人がする。
7. 通帳は受贈者が使用する。
8. 贈与契約書の控えは大切に保管する。
9. 贈与税の申告書の控えは大切に保管する。
10. 贈与税の納付書の控えは大切に保管する。

節税のポイント

1. 贈与契約書を作成する場合に、公証役場で確定日付を取っておけば、作成年月日を証明することができる。
2. 贈与税の申告書の提出と納税は、贈与があった翌年の2月1日～3月15日の期間に行うこと。
3. 相続税の税務調査時にきちんと説明できるように、作成した書類の控えは大切に保管する。

52 遠隔地預金・海外資産

税務署の調査能力は高い！

「申告しなくてもわからない」などという噂話を信用してはいけない！

チェック
ポイント

① 遠隔地預金でも税務署は把握できるのか？
② 100万円を超える海外送金等は、
　取引銀行から税務署への報告義務があるのか？
③ 通帳の入出金を調べることで、
　相手先の口座を特定できるのか？

▶本当に見付からない？

　相続税の節税（脱税）の話で、よく耳にする噂話に「遠隔地預金、海外資産」は申告しなくても税務署にはわからないといった類のものがあります。

　遠隔地預金は、自分の住所地から遠方にある銀行の口座までは税務署は把握できないだろう、という理由のようです。また、海外資産も日本国の法律が及ばないので、日本国の税務当局には調査権限はない、とこれまたもっともらしい理由がくっついています。

　しかし、実際はほとんどのケースで申告漏れを指摘されています。やはり、ごまかすよりも上手に節税です。「申告しなくてもわからない」などという噂話を信用してはいけません。

［遠隔地預金に抜け道はない］

▶遠隔地預金は見付からない？

　昔から遠隔地預金は申告しなくても見付からないという噂話があります。しかし、一旦、税務署に預金の可能性があると判断されれば、税務調査を行うため、遠隔地の

金融機関だろうとわかってしまうのです。

　ではなぜ税務署がその存在を把握できるのでしょうか。

　まず税務署は、銀行預金の調査として、相続税の申告書に記載されている銀行だけに行うのではなく、故人の住所地や職場、また実家の近隣など、故人が預金口座を開設する可能性があるエリアの銀行に対しても照会を行います。

　また臨宅調査といって、相続人のお宅へ訪問した際に、税務署の調査官はあらゆるものに目を光らせ調査するわけです。

　具体例から説明してみましょう。

（1）電話帳・香典帳から判明

　お父さんが亡くなり、実家に税務調査が入ることになりました。その際、調査官に、「あなたの家の電話帳はありますか」と言われました。なぜ電話帳が必要なのだろうと疑問に思いつつも、調査官に見せました。すると、その調査官は、その電話帳に載っている銀行名とその電話番号をメモし始めました。また、「香典帳もあれば見せてください」と言われ、「香典は申告しなくてもいいと聞いていますが…」と答えたところ、「はい、香典には課税しません。念の為、確認だけさせてください」とのことでしたので、これも不思議に思いつつも調査官に見せました。すると調査官は、またしても香典帳に記載されている銀行の支店名をメモしていたのです。

　案の定、後日、申告漏れの遠隔地預金を指摘されてしまいました。

　このように、普段から取り引きのある金融機関については電話帳に載っていることも多く、また預金額が大きくなると、そこの支店長はちゃんと香典を持ってくるものなのです。

（2）カレンダーやタオルなどの粗品から判明

　上記（1）以外にも臨宅調査では、家にかけてあるカレンダーやトイレに吊ってあるタオルなど、日常取り引きのある金融機関が持参しそうな粗品にも調査官は目を光らせます。他には、ティッシュやマッチなどもよく粗品で使われますね。このようなものに金融機関の名前が書いてあれば、調査官がすぐに申告内容と突き合わせし、申告漏れが発覚することがあるのです。

　このように、税務署は、遠隔地であっても故人が預金をしている可能性があると判断すれば、徹底的に調査します。

　また、マイナンバーの導入に伴い、預金口座への紐付けが、平成33年を目途に義務化の方向で検討されています。この義務化となれば、これまでの調査官の職人技も

過去のものになるでしょう。この預金の紐付けについては今後も動向を見守る必要がありますが、このような制度を抜きにしても、正しく申告することが何より賢明です。

［海外資産は見付からない？］

▶100万円超の海外送金

　海外に資産を移せばわからないといった噂話をよく耳にします。平成10年4月1日から外為法が改正され、海外に預金口座を開設することが容易になったことも噂話に拍車をかけました。

　しかし、実際は、100万円を超える海外送金は、金融機関から税務署に報告義務があり取り引きを捕捉されます。

　具体的には、1回の送金額が100万円を超えるものについて「国外送金等調書」を金融機関が税務署へ提出しなければなりません。この提出基準は、平成21年4月より200万円超から100万円超に引き下げられ、国外で保有する財産への監視の目がさらに厳しくなりました。

　さらに、海外資産がある相続の場合、資産の所在地国でも相続税の申告が必要になるケースもあります。

　具体例で説明してみましょう。

　夫の相続発生後、税務調査が入りました。調査官から何度もしつこく聞かれたのが、夫の預金口座から3年前に出金された1億円の使途です。

　私にはわかりませんと答えたのですが、調査官は納得いかない様子です。帰り際に世間話をしていたとき、故人の本棚に英語の本が多いことが話題になりました。1週間後また調査官が来て、「海外に預金口座はありませんか」と聞かれびっくりしました。夫は毎回100万円以下で送金したはずなのに…。

　調査官は取引銀行に行って、3年前の海外送金依頼書の写しを徹底的に調べたそうです。

　100万円以下の海外送金でも、振込の場合、預金通帳に記録が残りますから、出金先を銀行で確認すれば、相手先の銀行名と口座名義人がわかります。

　また、通帳に記録が残らないようにと一度現金をおろして、現金で海外送金した場合でも、銀行では、海外送金依頼書の写しを保管しますから、銀行に調査に行けば確認することができます。

やはり、脱税するよりも正しく申告する方が賢明です。

解説52 遠隔地預金・海外資産の申告漏れをしないために

遠隔地預金・海外資産の調査のポイント

1. 税務署は職権で銀行の本人名義の預貯金を調査できる。

2. 税務署は職権で銀行の家族名義の預貯金を調査できる。

3. 預金口座は相続時の残高だけではなく、相続後の動きや相続前およそ5年分の入出金を確認する。

4. 過去の入出金の振込相手先を調べることで、遠方の預金口座を確認する。

5. 過去の入出金の振込相手先を調べることで、家族名義への振込を確認する。

6. 電気・ガス・水道・電話・保険料など、あるはずの出金が確認できない場合、申告漏れの口座がある可能性が高いと考える。

7. 100万円を超える海外送金は、金融機関から税務署へ報告義務がある。

8. 100万円以下でも、海外送金依頼書の写し等で確認できる。

節税のポイント

1. 遠隔地預金や海外資産は「申告しなくてもわからない」といった噂話は迷信です。税務署の調査能力は高いです。
2. 仮に税務調査で発見されなくても、申告漏れした多額の資金は表に出すことはできなくなってしまいます。
3. 資産を買うと税務署から「購入資金のおたずね」が来ます。資金の出所を説明する必要があります。
4. 海外に送金すると税務署から「国外送金等に関するおたずね」が来ます。税務署は銀行からの報告とこのお尋ねを突き合わせます。

53 仮装または隠蔽

重加算税というペナルティ

脱税は刑事罰を問われることも！

チェックポイント
① 故意に隠した場合、ペナルティがあるか？
② ごまかした申告漏れはペナルティがあるか？
③ 脱税は刑事罰を問われることもあるか？

▶仮装または隠蔽は重加算税

相続税の申告漏れの中でも、財産を故意に隠したり、ごまかしたりした悪質な場合には、本来納付すべき税額に加えて重加算税（35％または40％）がかけられます。

また、法定納期限までに納付していない金額は、遅れた期間に応じて延滞税の納付が必要になります。納付期限の翌日から2カ月間は年7.3％又は特例基準割合＋1％のいずれか低い方、2カ月経過後の期間は年14.6％又は特例基準割合＋7.3％のいずれか低い方で計算します。

さらに悪質で巨額な事案では、いわゆる脱税で、刑事罰を受けることになります。刑事罰になるということは、犯罪者になってしまうということです。くれぐれもご注意下さい。

［無記名債券神話の崩壊］

▶無記名債券は見付からない？

悪質な申告漏れの代表はやはり無記名債券でしょう。無記名債券は見付からないという噂話も根強くあります。

しかし、思い出してください。自民党の大物政治家（故人）が脱税（所得税法違反）の容疑で逮捕されたときに決め手となったのが、この無記名債券だったはずです。

（1）銀行が管理しているはず

　大物政治家の巨額脱税事件で話題になった無記名債券は、具体的には日本債券信用銀行（日債銀）のワリシンなどでした。

　申告をしていない所得があった証明をするためには、そのお金がどこかに残っていないといけない。そんなとき、無記名債券ではとの情報を入手したそうです。ただ、「無記名」をどうやって大物政治家のものと特定するのかが難題でしたが、国税局が目を付けたのが、銀行の事務体制でした。

　「無記名とはいっても、大物政治家ほどの規模になると、紛失や盗難に備えて、銀行は何らかの管理をしているはず」

　そこで銀行に調査に入って調べたそうです（内偵といいます）。結局、膨大な無記名債券の中から、大物政治家の資産を特定したと言われています。

　さて、ここでみなさんお気づきでしょう。膨大な無記名債券の中から、大物政治家の資産とそれ以外の方の資産とを特定するには、そのほかの方の情報も必要です。そうして無記名債券神話も崩壊したわけです。

（2）不明出金から判明

　無記名債券神話を信じたAさんは預金1億円をおろして、現金を持って無記名債券を買いに行きました。名前も住所も聞かれずに、購入することができました。帰りに何度も振り返りましたが、後をつけられている様子もありません。Aさんの相続後、無記名債券の現物を発見した相続人の妻でしたが、申告しませんでした。

　しかし、その後の相続税の税務調査で、1億円出金の使途をしつこく聞かれます。どうせ無記名だからわからないとたかをくくっていたのですが、通常1日で終了すると聞いていた税務調査が何回もつづきました。

　そんなある日、「奥さん、無記名債券の満期更新に行きましたね。銀行の人に人相を聞いたら奥さんにそっくりなんですよ。しかも駐車場に駐車していたナンバーの控えに奥さんの車があったんですよね。正直に話してもらえませんか」それを聞いた奥さんは真っ青になり、あきらめて白状してしまいました。

　さて、調査官はどのように調査したのでしょうか。まず、1億円の出金日に購入された無記名債券を、徹底的に調べてあたりをつけたそうです。その満期日の更新記録を調べたところ、判明したと言っていました。車のナンバーや人相の記録の話の真偽は今となってはわかりませんが、税務署の調査能力はこのようにすごいのです。

［申告漏れのペナルティ］

（1）延滞税

　法定期限までに納付していない金額は、遅れた期間に応じて延滞税の納付が必要になります。納付期限の翌日から２カ月間は年7.3％または特例基準割合＋１％のいずれか低い方、２カ月経過後の期間は年14.6％又は特例基準割合＋7.3％のいずれか低い方で計算します。

（2）加算税

　相続税の申告漏れをした場合、その内容により次のように加算税がかけられます。

①過少申告加算税

　当初申告した税額が少なかった場合　10％（一定の場合は15％）

②無申告加算税

　期限内に申告書を提出しなかった場合　15％（一定の場合は20％）

③重加算税

　①で仮装または隠蔽があった場合35％、②で仮装または隠蔽があった場合40％です。

申告漏れとペナルティ

1 延滞税

法定納期限までに納付していない金額は、遅れた期間に応じて延滞税の納付が必要になる。納付期限の翌日から２カ月間は年7.3％または特例基準割合＋１％のいずれか低いほう、２カ月経過後の期間は年14.6％又は特例基準割合＋7.3％のいずれか低い方で計算する。

2 加算税

①過少申告加算
　　当初申告した税額が少なかった場合10％（一定の場合は15％）
②無申告加算税
　　期限内に申告書を提出しなかった場合15％（一定の場合は20％）
③重加算税
　　①で仮装または隠蔽があった場合35％
　　②で仮装または隠蔽があった場合40％

節税のポイント

1. 悪質な申告漏れのペナルティは非常に重く、「支払いが不足となった本税＋延滞税＋重加算税35％」となります。
2. 当初申告では配偶者の税額軽減が使えますが、悪質な資産隠し財産はこの軽減の適用ができません。
3. さらに悪質で巨額な事案では、いわゆる脱税で刑事罰を受けることになります。

巻末資料

1 贈与税の速算表
2 贈与税の早見表
3 相続税の速算表
4 相続税の早見表①（配偶者あり）
5 相続税の早見表②（配偶者なし）
6 延納期間と利子税の割合

巻末資料1

●贈与税の速算表

平成26年以前

基礎控除、配偶者控除の後の課税価格		税率	控除額
	200万円以下	10%	—
200万円超	300万円以下	15%	10万円
300万円超	400万円以下	20%	25万円
400万円超	600万円以下	30%	65万円
600万円超	1,000万円以下	40%	125万円
1,000万円超		50%	225万円

平成27年以降

i) 原則（下記特例以外の贈与財産に係る贈与税の速算表）

基礎控除、配偶者控除の後の課税価格		税率	控除額
	200万円以下	10%	—
200万円超	300万円以下	15%	10万円
300万円超	400万円以下	20%	25万円
400万円超	600万円以下	30%	65万円
600万円超	1,000万円以下	40%	125万円
1,000万円超	1,500万円以下	45%	175万円
1,500万円超	3,000万円以下	50%	250万円
3,000万円超		55%	400万円

ii) 特例（20歳以上の者が直系尊属から贈与を受けた財産に係る贈与税の速算表）

基礎控除、配偶者控除の後の課税価格		税率	控除額
	200万円以下	10%	—
200万円超	400万円以下	15%	10万円
400万円超	600万円以下	20%	30万円
600万円超	1,000万円以下	30%	90万円
1,000万円超	1,500万円以下	40%	190万円
1,500万円超	3,000万円以下	45%	265万円
3,000万円超	4,500万円以下	50%	415万円
4,500万円超		55%	640万円

［表の見方］
1. 贈与税の申告書は、贈与を受けた年の翌年2月1日から3月15日までに、受贈者の所轄税務署長へ提出する。
2. 贈与税の基礎控除は、受贈者1人につき110万円である。
3. 贈与税の税負担率は、最大で55％である。

巻末資料2

●贈与税の早見表

<特例>

(単位:万円)

贈与金額	贈与税額	実効税率	贈与金額	贈与税額	実効税率
110	0	0.0%	2,000	585.5	29.3%
200	9	4.5%	2,500	810.5	32.4%
300	19	6.3%	3,000	1,035.5	34.5%
400	33.5	8.4%	4,000	1,530	38.3%
500	48.5	9.7%	5,000	2,049.5	41.0%
600	68	11.3%	6,000	2,599.5	43.3%
700	88	12.6%	7,000	3,149.5	45.0%
800	117	14.6%	8,000	3,699.5	46.2%
900	147	16.3%	9,000	4,249.5	47.2%
1,000	177	17.7%	10,000	4,799.5	48.0%
1,500	366	24.4%	15,000	7,549.5	50.3%

<原則>

(単位:万円)

贈与金額	贈与税額	実効税率	贈与金額	贈与税額	実効税率
110	0	0.0%	2,000	695	34.8%
200	9	4.5%	2,500	945	37.8%
300	19	6.3%	3,000	1,195	39.8%
400	33.5	8.4%	4,000	1,739.5	43.5%
500	53	10.6%	5,000	2,289.5	45.8%
600	82	13.7%	6,000	2,839.5	47.3%
700	112	16.0%	7,000	3,389.5	48.4%
800	151	18.9%	8,000	3,939.5	49.2%
900	191	21.2%	9,000	4,489.5	49.9%
1,000	231	23.1%	10,000	5,039.5	50.4%
1,500	450.5	30.0%	15,000	7,789.5	51.9%

[表の見方]
1. 贈与金額は、110万円の基礎控除をマイナスする前の金額である。
2. 実効税率とは、贈与税額を贈与金額で割った率である。
3. この早見表は平成27年以降の贈与に対するものである。

巻末資料3

●相続税の速算表

各法定相続人の法定相続分相当額	税率			
	【改正前】		【改正後】	
1,000万円以下	10%		10%	
3,000万円以下	15%		15%	
5,000万円以下	20%		20%	
1億円以下	30%		30%	
3億円以下	40%		2億円以下	40%
			3億円以下	45%
3億円超	50%		6億円以下	50%
			6億円超	55%

［表の見方］
1. 相続税の申告書は、相続のあった日から10カ月以内に、原則被相続人の所轄税務署長へ提出する。
2. 相続税の基礎控除は、3,000万円＋600万円×法定相続人の数です。
3. 相続税の税負担率は、最大で55%である。
4. 【改正前】は平成26年12月31日までの税率、【改正後】は平成27年1月1日以降の税率である。

巻末資料4

●相続税の早見表① 配偶者あり

（単位：万円）

課税価格 \ 子どもの数	1人	2人	3人	4人	5人
5,000万円	40	10	0	0	0
6,000万円	90	60	30	0	0
8,000万円	235	175	137	100	70
1億円	385	315	263	225	188
1億5,000万円	920	748	665	588	530
2億円	1,670	1,350	1,218	1,125	1,033
2億5,000万円	2,460	1,985	1,800	1,688	1,595
3億円	3,460	2,860	2,540	2,350	2,243
3億5,000万円	4,460	3,735	3,290	3,100	2,930
4億円	5,460	4,610	4,155	3,850	3,660
4億5,000万円	6,480	5,493	5,030	4,600	4,410
5億円	7,605	6,555	5,963	5,500	5,203
6億円	9,855	8,680	7,838	7,375	6,913
7億円	12,250	10,870	9,885	9,300	8,830
8億円	14,750	13,120	12,135	11,300	10,830
9億円	17,250	15,435	14,385	13,400	12,830
10億円	19,750	17,810	16,635	15,650	14,830
11億円	22,250	20,185	18,885	17,900	16,915
12億円	24,750	22,560	21,135	20,150	19,165
13億円	27,395	25,065	23,500	22,450	21,458
14億円	30,145	27,690	26,000	24,825	23,833
15億円	32,895	30,315	28,500	27,200	26,208
20億円	46,645	43,440	41,183	39,500	38,083

［表の見方］
1.課税価格＝相続財産－債務・葬式費用
2.配偶者の税額軽減を法定相続分まで活用するものとする。
3.図表の相続税額は、相続人全員で負担する税額である。

巻末資料5

●相続税の早見表② 配偶者なし

(単位:万円)

課税価格 \ 子どもの数	1人	2人	3人	4人	5人
5,000万円	160	80	20	0	0
6,000万円	310	180	120	60	0
8,000万円	680	470	330	260	200
1億円	1,220	770	630	490	400
1億5,000万円	2,860	1,840	1,440	1,240	1,100
2億円	4,860	3,340	2,460	2,120	1,850
2億5,000万円	6,930	4,920	3,960	3,120	2,800
3億円	9,180	6,920	5,460	4,580	3,800
3億5,000万円	11,500	8,920	6,980	6,080	5,200
4億円	14,000	10,920	8,980	7,580	6,700
4億5,000万円	16,500	12,960	10,980	9,080	8,200
5億円	19,000	15,210	12,980	11,040	9,700
6億円	24,000	19,710	16,980	15,040	13,100
7億円	29,320	24,500	21,240	19,040	17,100
8億円	34,820	29,500	25,740	23,040	21,100
9億円	40,320	34,500	30,240	27,270	25,100
10億円	45,820	39,500	35,000	31,770	29,100
11億円	51,320	44,500	40,000	36,270	33,300
12億円	56,820	49,500	45,000	40,770	37,800
13億円	62,320	54,790	50,000	45,500	42,300
14億円	67,820	60,290	55,000	50,500	46,800
15億円	73,320	65,790	60,000	55,500	51,300
20億円	100,820	93,290	85,760	80,500	76,000

[表の見方]
1. 課税価格=相続財産－債務・葬式費用
2. 各相続人ごとの相続税は、図表で求めた相続税額を、相続した財産の割合に応じて按分した額になる。

巻末資料6

●延納期間と利子税の割合

(単位:万円)

不動産等の割合	区分		分納税額	延納期間(最長)	利子税の原則割合	特例割合
不動産等の価額が75%以上の場合	①	不動産等の価額に対応する税額(②を除きます)	年賦均等額	20年	年3.6%	年0.8%
	②	計画伐採立木の価額が20%以上の場合の森林計画立木部分の税額	年賦均等額と計画伐採立木の伐採の時期および材積に応じる年賦不均等額との選択	20年	年1.2%	年0.2%
	③	その他の財産の価値に対応する税額	年賦均等額	10年	年5.4%	年1.3%
不動産等の価額が50%以上75%未満の場合	①	不動産等の価額に対応する税額(②を除きます)	年賦均等額	15年	年3.6%	年0.8%
	②	計画伐採立木の価額が20%以上の場合の森林計画立木部分の税額	年賦均等額と計画伐採立木の伐採の時期および材積に応じる年賦不均等額との選択	20年	年1.2%	年0.2%
	③	その他の財産の価額に対応する税額	年賦均等額	10年	年5.4%	年1.3%
不動産等の価額が50%未満の場合	①	立木の価額が30%を超える場合の立木の価額に対応する税額(②を除きます)	年賦均等額	5年	年4.8%	年1.1%
	②	計画伐採立木の価額が20%以上の場合の森林計画立木部分の税額	年賦均等額と計画伐採立木の伐採の時期及び材積に応じる年賦不均等額との選択	5年	年1.2%	年0.2%
	③	その他の財産の価額に対応する税額(④を除きます)	年賦均等額	5年	年6.0%	年1.4%
	④	特例緑地保全地区等内土地部分の税額	年賦均等額	5年	年4.2%	年1.0%

[表の見方]
1. 不動産等とは、不動産、不動産の上に存在する権利、事業用減価償却資産、特定同族会社の株式・出資、立木をいう。
2. 相続した財産に占める不動産等の割合によって、延納期間・利息税率が異なる。
3. 現在の利子税の割合は、「延納利子税割合」ではなく、「特例割合」を使用する。
4. 特例割合、延納特例基準割合が1.8%として計算している。

参考文献

- 「平成27年版　図解相続税・贈与税」、中村淳一（編）、一般財団法人大蔵財務協会、2015年7月
- 「平成28年版　図解相続税・贈与税」、梶山清児（編）、一般財団法人大蔵財務協会、2016年7月
- 「知っておかなければならない葬儀後に必要な届出と手続き」、学研研究社（編）、学研研究社、2004年9月
- 「平成26年11月改訂　詳細 小規模宅地等の課税特例の実務」、笹岡宏保（著）、清文社、2014年12月
- 「平成27年版　Q&A180問　相続税小規模宅地等の特例」、松岡章夫・山岡美樹（共著）、一般財団法人大蔵財務協会、2015年2月
- 「相続税の物納の手引　〜手続編〜」、国税庁、2016年1月

ウェブサイト

- 国税庁タックスアンサー「No.2215　固定資産税、登録免許税又は不動産取得税を支払った場合（https://www.nta.go.jp/taxanswer/shotoku/2215.htm）」、「No.7191　登録免許税の税額表（https://www.nta.go.jp/taxanswer/inshi/7191.htm）」、「No.9205　延滞税について（https://www.nta.go.jp/taxanswer/osirase/9205.htm）」

ウェブセミナー

- 「厳選!!資産税事例研究（小規模宅地特例編）〜税理士が悩んだ事例を元国税局担当官と専門家が検討!!〜」、鬼塚太美・飯塚美幸、財務研究会、2016年6月収録

著者紹介

<監修>
辻・本郷 税理士法人 理事長　徳田孝司

　昭和53年、長崎大学経済学部卒業。
　昭和55年、監査法人朝日会計社（現あずさ監査法人）に入社。
　平成14年4月、辻・本郷 税理士法人設立、副理事長に就任し、平成28年1月より現職。
　著書に「スラスラと会社の数字が読める本」（共著、成美堂出版）、「いくぜ株式公開「IPO速解本」」（共著、エヌピー通信社）、「精選100節税相談シート集」（共著、銀行研修社）他多数。

<編著>
辻・本郷 税理士法人

　平成14年4月設立。東京新宿に本部を置き、日本国内に54支部、海外に7つの現地法人を持つ国内最大規模を誇る税理士法人。
　医療、税務コンサルティング、相続、事業承継、M&A、企業再生、公益法人、移転価格、国際税務など各税務分野別に専門特化したプロ集団として、弁護士、不動産鑑定士、司法書士との連携により、顧客の立場にたったワンストップサービスとあらゆるニーズに応える総合力をもって業務展開している。

〒160-0022 東京都新宿区新宿4-1-6 JR新宿ミライナタワー28階
電話　03-5323-3301（代）　FAX　03-5323-3302　URL　http://www.ht-tax.or.jp/

辻・本郷 グループ

●辻・本郷 税理士法人　●CS アカウンティング株式会社　●辻・本郷 ビジネスコンサルティング株式会社
●辻・本郷 ITコンサルティング株式会社　●Hongo Connect & Consulting株式会社（HCC）
●本郷メディカルソリューションズ株式会社　●TH弁護士法人　●辻・本郷 社会保険労務士法人
●アルファステップ株式会社　●一般社団法人 辻・本郷 財産管理機構

　辻・本郷 税理士法人を中核とした企業グループ。
　関連グループスタッフ総勢1100名、顧問先10000社を超える豊富な経験と実績、プロフェッショナルとしての総合力を活かし、時代のニーズに沿った様々な分野において、最高水準のサービスを提供している。

<執筆者一覧>

副理事長 木村信夫、武藤泰豊、平川亮、松浦真義、前田智美、鈴木淳、伊藤健司、東祥太郎、井口麻里子、石上義人、内田陽子、小田嶋恒司、河野太一、川邊知明、黒須友也、香西舞衣、佐藤正太、薗田優子、高橋智也、武内綾、原有美、前沢和完、宮島亮、山田篤士、渡辺悠貴、山口拓也

かしこい相続・贈与の節税常識 ＜増補改訂版＞

2017年1月25日　初版第1刷発行

監修	徳田孝司
編著	辻・本郷 税理士法人
発行者	鏡渕　敬
発行所	株式会社 東峰書房
	〒102-0074　東京都千代田区九段南4-2-12
	TEL 03-3261-3136　FAX 03-3261-3185
	http://tohoshobo.info/
装幀・デザイン	小谷中一愛
イラスト	道端知美
印刷・製本	株式会社 シナノパブリッシングプレス

ISBN978-4-88592-185-8　C0034
Printed in JAPAN
©Hongo Tsuji Tax & Consulting 2017